COSI' VA IL MONDO
Romanzo

COSI' VA IL MONDO
Romanzo

ARCANGELO GALANTE

2023

Dedica

Riconosco per mio
solo ciò che ho scritto
con passione vera
e con la fantasia
dettata dal cuore.
Agli amici lettori
dedico questo
romanzo.
Grazie a tutti!

INDICE

CAPITOLO 1

La sirena lanciò il suo gutturale richiamo e la nave, descritto un ampio semicerchio sulle acque verdi-azzurre del porto, si accostò lentamente alla banchina, oltre la quale le bianche case di Macciò sembravano assopite sotto la canicola meridiana.

Salii sul ponte, all'ombra propizia della schioccante tenda, tesa a riparo dei cocenti raggi solari. Le operazioni di sbarco e di imbarco, nei pittoreschi porti sudamericani, sono sempre interessanti e possono servire da diversivo per ingannare la noia del tragitto, sulle piccole navi del servizio costiero brasiliano.

Un carico di cotone attendeva di essere sbarcato e, a giudicare dalla flemma con la quale gli scaricatori cominciarono a smuovere le balle, quasi fossero di fragile mercanzia, l'operazione avrebbe certo molto prolungato la fermata.

Soffocai uno sbadiglio. Purtroppo, bisogna portar pazienza, quando non ci si può concedere il lusso di un viaggio in aereo.

Almeno avessi avuto l'allegra spensieratezza di quei turisti dall'aria un po' impacciata di fazenderos dell'interno, diretti agli svaghi di Bahia o di Rio, che fotografavano tutto ammirando senza riserve! No, il mio animo era tutt'altro che sereno, perché all'arrivo non mi aspettava un'allegra vacanza, ma un triste e sgradevole compito.

Frattanto la banchina, dapprima deserta, a parte i muscolosi e tatuati scaricatori intenti a rotolare le balle di cotone, andava ora pian piano animandosi.

Torpedoni e corriere, bianche di polvere, si susseguivano, scaricando frotte di persone che si affrettavano, cariche di bagagli, verso la passerella della nave. Il primo a metter piede sulla tolda fu un ragazzino meticcio, tondo e paffuto, che reggeva a stento una grande gabbia, contenente uno starnazzante pappagallo. Il povero uccello sembrava impaurito da tutte quelle novità ed arruffava le penne, che spiegavano al sole i loro splendenti colori.

Dietro a lui, la solita eterogenea folla dei porti sudamericani, tra la quale spicca sempre qualche nera dagli abiti sgargianti, dal viso troppo imbellettato, dal fosco lampo degli occhi di porcellana.

Talvolta è invece il viso alabastrino ed il languido sguardo di qualche superba bellezza creola che attira la vostra attenzione.

COSI' VA IL MONDO

Due di tali discendenti di immigrati iberici, salivano appunto in quel momento sulla passerella, chiudendo l'ombrellino dal ricco manico d'avorio, che le aveva riparate dal sole tropicale, così nemico delle pelli delicate. Portavano un abito carico di ornamenti, tipico costume delle donne dei dintorni di Bahia: sottana a pieghe, con ricami a pagliuzze d'oro, camicetta di velo nero trasparente, trattenuta al collo da nastrini di velluto, una mantella dal largo bordo a frangia e stampata a fiori rossi. Completava il loro pittoresco abbigliamento l'immancabile croce d'oro, pendente dal collo bianco e tornito.

Se queste due donne si distinguevano per la loro bellezza, non mancavano però tra la folla altri motivi di ammirazione, poiché sotto il sole abbagliante del Sud, anche la materia più grigia rivela insospettabili brividi di colore.

Tutto si adegua al lussureggiante aspetto della natura ed anch'io, da quando ho lasciato l'Italia per il Brasile, mi sono accorta di ammettere nei miei abiti, arditi accostamenti di tinte che, in patria, mi sarei vergognata a portare.

Mentre il mio sguardo errava distrattamente sulla folla, fu improvvisamente attratto da un passeggero, la cui fisionomia non mi giungeva nuova. Ritto in piedi accanto alla passerella, una grossa valigia ai piedi, egli sembrava attendere filosoficamente che i più frettolosi e prepotenti passeggeri si fossero imbarcati sulla nave.

Lo osservai meglio, facendomi schermo con la mano: capelli chiarissimi, divisi a metà e un po' spioventi sulla fronte, figura snella e giovanile, contrastante con l'aria un po' stanca ed abbandonata. Ma si, non c'era alcun dubbio, era proprio Patrick!

Confesso che il cuore mi diede un tuffo e che la sorpresa di quell'incontro diradò per un attimo la malinconia che gravava su di me. Avevo sempre nutrito una certa simpatia per Patrick, e precisamente da quando, alcuni anni prima, frequentavamo insieme le lezioni di lingua inglese a Rio de Janeiro.

Allora egli, dì origine danese e come me da poco emigrato in Brasile, era un giovanotto sui venticinque anni, dotato di intelligenza non comune ma di una cocciutaggine quasi infantile, e malgrado cercasse di darsi un tono, era pervaso da una scettica amarezza che mi urtava parecchio.

Arcangelo Galante

Senza spiegarmene il perché, provavo ora una viva curiosità di conoscere quali sviluppi avesse preso quel suo temperamento, allora piuttosto indefinito, e quale via egli avesse seguito, da quando ci eravamo persi di vista.

Mentre così pensavo, Patrick, raccolta la valigia, era finalmente salito sulla passerella. Arrivato sui ponte, si arrestò un attimo per asciugarsi la fronte e in quel mentre, alzando gli occhi, mi guardò, senza ravvisarmi. Tuttavia, al mio sorriso, dovette sovvenirsi subito di me poiché mi venne incontro con una esclamazione di lieta sorpresa:

— Ma non è un sogno? Siete proprio voi, Rossella?

— Proprio io, Patrick. E voi, come state?

Ci fu un istante di reciproco imbarazzo: potevamo trattarci ancora con quella stessa confidenza di quando andavamo a scuola?

Vidi il suo sguardo scivolare sulla mia mano e, notando forse l'assenza di una fede nuziale, mi parve che nei suoi occhi brillasse un lampo.

Ci stringemmo calorosamente le mani, da vecchi amici.

— Ma sapete, Rossella — disse Patrick, osservandomi con un sorriso — che non avete cambiato molto, in questi cinque o sei anni? Sempre la stessa freschezza di allora, quando avevate, mi sembra, diciotto anni e portavate ancora le trecce lunghe.

— E siete stato proprio voi, con le vostre ironiche osservazioni, a farmele sacrificare — risposi ridendo. — Mentre ora, con le acconciature attuali, mi sarebbero tornati così utili, i capelli lunghi.

Se però io avevo conservato, pressappoco, la freschezza di allora, grazie ad una vita regolata e piuttosto sportiva, altrettanto non poteva dirsi di Patrick. Il sole non è benigno con la pelle ed ha la tendenza indiscreta a fare scoprire le più piccole magagne; ma la rete di rughe, sparsa sul volto ancora giovanile di Patrick, era veramente esagerata e denotava un dimagramento eccessivo.

Nel suo viso scavato e pallido, il sorriso appariva triste e solo gli occhi azzurri parevano, a tratti, balenare ancora di quella spavalda monelleria che aveva sempre costituito il suo tratto più caratteristico.

La lotta per la vita, dura anche in Brasile, non bastava a giustificare quel suo aspetto stanco e cosi precocemente invecchiato. Mi ripromisi di indagarne, in seguito, le cause.

3

— Bene: — riprese Patrick, sollevando la valigia. — Se non vi spiace, inganneremo il tempo chiacchierando. Andiamo sotto quel tendone, all'ombra. Ci sarà bene qualcosa che assomigli ad un bar, su questa carretta!

Trovato un tavolino libero, ci sedemmo l'uno di fronte all'altra. Egli ordinò del rum, io una spremuta ghiacciata.

— Ora mi spiegherete, cara Rossella, come mai vi trovate così lontana da Rio. Di solito i cittadini di quella città, i cariocas voglio dire, sia pure soltanto di elezione, come eravamo noi, non si allontanano facilmente dalla « Cidade maravilhosa ».

— Non ho lasciato Rio per un semplice capriccio — risposi — ma perché ho trovato un buon posto a Recife, nella clinica « Vasco da Gama ».

— Siete dunque impiegata in quel complesso di padiglioni così bianco e geometrico da sembrare una visione surrealista, visto dal mare? Davvero, non l'avrei mai immaginato.

— Siete pratico di Recife?

— Vi risiedo da sei mesi — rispose Patrick. — Mi sono recato là per certi affari ed ho finito col restarvi. Ma ditemi, Rossella, quali attribuzioni avete nella clinica?

— Tre anni fa entrai come impiegata di amministrazione; in seguito, per la mia conoscenza delle lingue, sono diventata la segretaria del direttore della clinica. Forse ne avrete sentito parlare: il professor Leopoldo Pereira.

— Caspita! Il celebre chirurgo. Avete fatto strada, allora. I miei complimenti; guadagnerete parecchio.

— Discretamente. Ma, nella stessa clinica vi è un'altra persona, che voi pure conoscete, la cui carriera può definirsi veramente eccezionale; una nostra ex compagna di studio e vostra connazionale: Suzanne Janssen.

— Toh, anche lei? Pare dunque che il caso si sia divertito a radunarci tutti a Recife. Ora che mi ricordo, Suzanne studiava infatti alla facoltà di medicina. Che mi raccontate di lei?

— Appena laureata, a pieni voti si capisce, poiché era stata sempre molto studiosa, andò a far pratica a Recife, diventando in breve, per le sue capacità e per un pizzico di fortuna, direttrice di un importante reparto della clinica « Vasco da Gama ». Carica di grande impegno, se si considera che tale istituto è, nel suo genere, uno dei più progrediti ed attrezzati del Brasile.

Anzi, fu proprio Suzanne a procurarmi il posto che occupo. E' una donna che ha tutte le prerogative della vostra razza, Patrick: attività instancabile, capacità organizzativa, sangue freddo ed una grande intelligenza. Io la stimo molto.

— Già, già. Ha sempre avute tutte le virtù, quella donna — rispose un po' asciutto il mio interlocutore.

Mi stupì il suo scarso interessamento riguardo alla sua connazionale. A Rio, e questo aveva sempre suscitato una certa mia istintiva gelosia, lui e Suzanne rimanevano volentieri insieme. Ambedue molto sportivi, instancabili nuotatori, dimostravano i medesimi gusti ed un'apparente intimità, favorita dalla comune nazionalità, regnava tra loro. Ora pareva che di tanta amicizia non fosse rimasta traccia, nel mio interlocutore, ma mi astenni, per delicatezza, nell'approfondire la cosa.

Quasi subito, del resto, Patrick cambiò discorso:

— Ma ditemi, Rossella, che notizie mi date di vostro fratello, Luca?

La mia voce tremò, nel rispondergli:

— Infatti voi l'avete conosciuto, ma purtroppo... egli è mancato circa un anno fa.

Il viso di Patrick espresse un sincero compianto:

— Possibile, un uomo cosi robusto, così pieno di vita!

— Luca era infatti così forte da sollevare da solo interi tronchi d'albero e, quando il carico delle spedizioni di legname minacciava di rallentare, era egli stesso che spronava gli operai con il suo esempio. Tra i lavoranti meticci, generalmente bassi di statura, egli giganteggiava addirittura con la sua mole. Eppure, il destino volle che il mio buon fratello perisse in un banale incidente di lavoro. E' rimasta sua moglie, con due bambini. Vivono con me a Recife, poiché abbiamo dovuto vendere la casetta di Rio.

Non aggiunsi che parte dei miei guadagni serviva anche per loro. Verso Luca, che mi aveva fatto studiare, senza mai lasciarmi mancare nulla, io avevo del resto un debito di riconoscenza, che intendevo estinguere aiutando a mia volta i suoi familiari.

Una viva commozione agitava il mio cuore al ricordo ed anche Patrick rimaneva in attitudine pensosa.

— Sapete, Patrick — ripresi, dopo qualche attimo di silenzio — da molti anni ormai mi trovo qui in Brasile, pure, talvolta, chiudendo gli occhi alla realtà, mi sembra di essere ancora nel mio paesetto lombardo e di non aver che da fare un passo, affacciarmi alla finestra, per scorgere lontano le cuspidi del Duomo, emergenti dalla pianura, e, più a nord, l'ampio anfiteatro delle Prealpi, velate da un'azzurra, irreale nebbiolina.

Gli occhi di Patrick si chiusero per un istante, in una smorfia di rimpianto. Forse sognava la sua Danimarca... Il mare luccicava e laggiù sfilava la severa bassa costa, incupita di foreste.

— Vane nostalgie — interruppe Patrick, con mossa impaziente, come se volesse prendersi una rivincita sull'inopportuna sentimentalità delle mie considerazioni. — Ciò che è passato, non torna più, e le rievocazioni tormentano inutilmente il nostro animo. Ma voi — proseguì, mentre suoi occhi mi fissavano con una strana espressione — sapete che siete ancora più bella di allora? Più vi guardo e più mi meraviglio che non abbiate ancora trovato un « signor Silva » qualsiasi, grossi anelloni al dito e baffetti rubacuori, che vi acchiappi e vi porti via?

— Patrick, Patrick — esclamai con finta severità, divertita mio malgrado dal suo richiamo al tipo classico del ricco brasiliano — non è, se mai, questione di interesse, ma di cuore! Un animo buono mi è assai più caro di mille gioielli.

Egli mi guardò, pensieroso:

— Siete sempre la solita sentimentale!

— Mentre voi amate atteggiarvi a scettico uomo di mondo, vero? A proposito, perché non raccontate nulla di voi e lasciate che io sola mi confessi... vi pare galanteria questa?

Egli, per tutta risposta, fermò il cameriere che passava in quel momento per ordinargli dell'altro rum, benché ne avesse vuotati già quattro bicchierini. Lo rimproverai, preoccupata.

— Non siete astemio, a quanto pare.

Egli rise, un po' stridulo:

— Non sarà una goccia di più che farà traboccare il vaso. Ormai veleggio verso la fine.

— Parlate seriamente, Patrick? Che vi capita, dunque?

Egli si chinò verso di me:

— Guardatemi bene, che vi dice il mio volto?

Mi sentii imbarazzata.

— Ecco, per essere franca, fin dal primo momento mi avete dato l'impressione di essere un po' giù, o per meglio dire, alquanto deperito...

— Ebbene — egli riprese — pensate che ogni giorno diventerò più magro, più pallido, fino... alla fine. Non mi resta molto, ormai, perciò bevo per dimenticare e non faccio più nulla. Ho guadagnato qualcosa in certi affari, tempo fa, ora vivo di quello e mi sarà più che sufficiente per arrivare al traguardo.

— Ma, Patrick, la scienza moderna ha tante risorse che...

— La scienza è impotente, in certi casi. Credete che non abbia consultato medici e frequentato cliniche, specialmente nel primi tempi, quando venne diagnosticato il mio male? Poi, mi sono rassegnato. Non ho più nessuno di caro, e nulla mi trattiene al mondo.

L'inattesa rivelazione dell'oscuro male che lo consumava, l'ombra mortale che già sembrava velargli il viso, mi avevano sconvolta. E nell'improvvisa rivolta di tutto il mio essere, contro quella inesorabile fatalità, sentivo che la confusa simpatia provata per Patrick, laggiù a Rio, non era scomparsa con il passare del tempo, ma anzi si era risvegliata più intensa, dopo l'attuale incontro.

Non ero però del tutto persuasa dell'ineluttabilità del suo destino e mi urtava quella fatalistica passività.

— Sentite, Patrick — consigliai — dovreste tentare con altri medici, con altri metodi di cura. Giacché risiedete attualmente a Recife, perché non provate ad interpellare Pereira? Come sapete, é un valente chirurgo ed ha come collaboratori dei bravissimi clinici. Suzanne stessa...

Egli mi interruppe con gesto evasivo:

— Non c'è più nulla da fare e sono comunque stufo di servire da cavia agli esperimenti clinici. D'altronde, che cosa potrebbe ancora offrirmi la vita, da meritare il sacrificio di questi ultimi mesi di libertà, per tentare di conseguire una ipotetica guarigione?

COSI' VA IL MONDO

Restai in silenzio, che altro potevo dire? Confessare la mia simpatia per lui? Lo vietava la mia dignità femminile e d'altra parte non ero affatto sicura che i miei sentimenti fossero ricambiati.

La voce di Patrick interruppe il tumultuoso corso dei miei pensieri.

— Ancora non mi avete spiegato, Rossella, perché vi trovo in viaggio. Siete forse diretta a Bahia? Scusatemi, ma al buon Patrick è sempre piaciuto ficcare il naso nelle faccende altrui.

— Un naso veramente indiscreto, talvolta — risposi, lieta del diversivo. — Purtroppo, però, non è un viaggio di piacere il mio, e non sono diretta a Bahia. Mi fermerò al prossimo porto che incontreremo: Aracajù, dove mi aspettano ancora un centinaio di chilometri da percorrere nella regione di Sergipe. Per darvi poi un'idea del mio attuale stato d'animo, vi dirò che mi sento come se andassi a seppellire un'altra volta il mio povero fratello. Vado cioè a liquidare tutto quello che aveva costituito la speranza ed il sogno della sua vita. Una cosa ben triste, Patrick!

Egli fece un cenno di vivo interessamento, invitandomi a proseguire.

— E' una storia un po' lunga ed un po' fuori dalla normalità, almeno secondo il mio punto di vista, portato più al positivo che alle fantasie. Sentendola narrare, vi sembrerà forse di ritornare indietro nei secoli, quando le prime compagnie di avventurieri spagnoli e portoghesi andavano alla ricerca delle prodigiose ricchezze di questo paese.

— Davvero? Raccontatemi. Vostro fratello, almeno per quel poco che ho potuto conoscerlo, doveva essere un risoluto uomo d'azione. In quale impresa si era messo?

Mi accomodai meglio nella poltroncina di vimini, mentre il cameriere mi metteva davanti una bibita rinfrescante. Il viaggio era ancora lungo, potevo narrare con calma e lo sfogo avrebbe giovato a risollevarmi un po' lo spirito:

— Quando dall'Italia raggiunsi mio fratello in Brasile, egli era socio, come già sapete, di una ditta esportatrice di legnami, a Rio de Janeiro. Guadagnava bene, si era sposato, possedeva una casa, disponeva di un grosso conto in banca e poteva quindi ritenersi soddisfatto, ancora giovane com'era, di aver raggiunto una eccellente posizione economica. Ma il suo spirito inquieto, esuberante di vitalità, non era pago di tutto ciò. Il suo lavoro lo portava a viaggiare spesso nelle più diverse regioni brasiliane ed un giorno, improvvisamente, egli ci annunciò di aver comperato, sulle colline di Sergipe, ad un centinaio di chilometri da Aracajù, una vasta estensione di terreno. Secondo le sue convinzioni, in quella distesa incolta che, per la sua configurazione ad alture brulle e nerastre, è chiamata dagli abitanti "Meseta de Los Sacramentos", doveva esistere un vasto giacimento di petrolio.

— Su che cosa fondava tali speranze, vostro fratello?

— Per essere franca, devo confessare che nulla so di preciso, al riguardo. Proprio in quel tempo, infatti, non intendendo riuscire più oltre di peso a mio fratello, che ormai aveva due bambini, assunsi il posto procuratomi da Suzanne a Recife, e quindi non ebbi con lui che contatti saltuari, insufficienti per arrivare a conoscere i suoi progetti.

« Vi posso dire, però, che già in passato si era parlato di una probabile presenza di petrolio nella regione di Sergipe e, anzi, vi erano state delle ricerche, poi abbandonate. Secondo quanto mi disse poi il signor Giovanni Lorenzetti, un italiano che si era aggregato a mio fratello e che si trova tuttora sul posto, anche le antiche tradizioni indigene parlavano di fontane ardenti scaturite dal terreno.

« Troppo poco, però, a mio parere, per arrischiare tutto nell'impresa, come fece mio fratello.

— Eppure — intervenne Patrick — non sono stati sempre i pionieri, spesso reputati pazzi, a scoprire le maggiori ricchezze del sottosuolo? E le ricerche, a volte, si sono appunto basate sulle presunte leggende delle popolazioni locali.

— Infatti — risposi — nella vicina regione di Lobato, il petrolio è stato scoperto in abbondanza, contrariamente alle previsioni degli esperti che negavano la possibilità che il «carbone liquido» esistesse nel nostro Brasile. Sta comunque di fatto che, nell'acquisto del terreno, nella licenza per le ricerche e nei macchinari necessari, senza contare i trasporti assai costosi in quella regione quasi priva di strade, mio fratello investì tutti i suoi risparmi.

« Passò qualche tempo. Io mi trovavo sempre a Recife, tranquilla al mio lavoro, quando giunse come un fulmine un telegramma annunciante che mio fratello era moribondo.

« Ricorderò sempre il momento in cui, dopo il viaggio in aereo e una pazza corsa in auto, giunsi alla « Meseta ». Mio fratello era là, coricato su di una brandina da campo, in una delle capanne costruite affrettatamente intorno ai lavori di sondaggio. Un masso, staccatosi dal ciglio di una collina, l'aveva investito, schiacciandogli il torace. Non c'era più nulla da fare, ed ero giunta appena in tempo per raccogliere le sue ultime parole. "Povera sorellina mia" mi disse, quando entrai, "ti volevo far ricca e felice, invece ti lascio la miseria...".

« Gli operai, intorno a noi, muti e disperati, piangevano. Erano tutti italiani e lavoravano alle dipendenze di Luca, avevano imparato ad amarlo ed a credere nelle stesse sue speranze.

« Davanti a loro, dettò calmo le ultime disposizioni riguardo ai lavori e, quando più tardi rimanemmo soli, egli, sentendo arrivare il momento supremo, mi raccomandò caldamente sua moglie e i figli, ancora a Rio ignari di tutto.

« Poi volle che spalancassi la porta, oltre la quale era la nera distesa di dune: le fissò a lungo, intensamente, con l'occhio già velato, come se volesse perforare il terreno, penetrare nel segreto di quelle viscere oscure, e pronunciò infine queste parole che sempre mi ritornano nel pensiero: "Eppure, Rossella, ne sono convinto, là, là sotto, l'oro nero esiste. Oh, se tu fossi stata un uomo, sorellina mia... ora ti direi: non abbandonare l'impresa, cerca, fruga e... troverai! Invece, posso solo invocare che il buon Dio ti aiuti!".

« Morì poco dopo, cristianamente, esprimendo il rimpianto di tutti gli italiani che chiudono gli occhi lontano dalla patria: "Se un giorno ritornerai, salutami l'Italia!".

Non potei continuare, i singhiozzi mi soffocavano. Patrick mi allungò, con il viso contratto, un bicchierino di rum:

— Povera Rossella! Come avete fatto a cavarvela da sola? Così fragile come siete, così poco... pioniera?

— Piansi fino al mattino — continuai, rinfrancata dal rum provvidenziale di Patrick — ma poi dovetti farmi forza ed affrontare la situazione. Gli operai, meno alcuni meticci che furono subito licenziati per economia, erano dei gran buoni ragazzi. Desolati per la perdita del loro capo, vollero, investendo tutti i loro modesti risparmi, continuare ancora le ricerche, sicuri di trovare alfine il liquido prezioso, nel quale anch'essi avevano riposto tante speranze.

« Riuscirono anche ad ottenere una dilazione dei pagamenti, presso le ditte fornitrici; insomma si diedero da fare, sotto la guida di Giovanni Lorenzetti, ottima persona e tecnico espertissimo.

Arcangelo Galante

« Dal mio canto, dovetti acconciarmi ad ospitare nel mio appartamentino di Recife, mia cognata e i due bambini, per dar loro modo di vendere la casetta di Rio.

— Coabitazione, se non erro, forse non del tutto piacevole — osservò Patrick, ridendo — poiché ho avuto occasione di conoscere a suo tempo anche vostra cognata.

— Non molto soddisfacente, infatti. Mia cognata è di origine portoghese e per di più nobile. Educata con signorilità, l'attuale sua situazione finanziaria la esaspera e talvolta ne va di mezzo la mia tranquillità.

— Ma voi, Rossella, parlavate di una vendita, di una liquidazione...

— Come potete facilmente capire, la situazione della « Meseta » avrebbe potuto reggersi per poco, malgrado l'impegno di quei ragazzi. Infatti, presto divenne insostenibile. Esauriti i loro risparmi, gli operai mancano ora anche dei mezzi di sussistenza e, d'altra parte, le ditte fornitrici vogliono essere pagate, allarmate anche dal poco credito che ci accorda l'opinione pubblica: "Quei pazzi della Meseta" ci chiamano infatti, nei dintorni.

« Fortunatamente, saltano fuori, ora, due signori, certi Fisher e Cooper, che si dichiarano disposti a rilevare tutto in blocco, terreno e macchinari. La cifra che offrono è irrisoria, da strozzini, ma tuttavia bastevole a liquidare ogni pendenza e ad uscire dall'affare con le mani nette. Mia cognata mi incita a vendere e, anche se mi sembra di tradire mio fratello, non vedo ormai altra soluzione.

« Non posso però tacere — aggiunsi — che mi sembra sospetta l'offerta di quei due tizi. Se veramente quel terreno è reputato sterile, come mai c'è qualcuno disposto ad arrischiarne l'acquisto, dopo tante infruttuose ricerche?

Patrick soppesò pensieroso le mie osservazioni; infine mi domandò:

— Avete detto che i probabili compratori si chiamano Fisher e Cooper?

— Precisamente.

— Allora potete esser certa che quel terreno qualcosa vale. Il petrolio, voglio dire, bisogna che abbia dato chiari segni della sua presenza, magari non avvertiti dai vostri operai, ma segnalati da qualcuno che vi sta intorno. Conosco bene quel Fisher e so che non arrischierebbe un mezzo dollaro, senza la matematica certezza di un guadagno futuro.

Ero perplessa ed una folla di pensieri mi si affacciava alla mente.

— Ditemi — continuò Patrick — vostro fratello, durante le ricerche, ebbe qualche indizio della presenza del liquido?

— Mi sembra di aver sentito parlare di emanazioni metanifere, filtrate nei sondaggi.

— E' già qualcosa. Seguite il mio consiglio: non vendete.

— Ma Patrick — esclamai — ci sia o non ci sia petrolio, non possiamo più andare avanti. Nessuno ci fa più credito e ci trattano da pazzi. Anch'io sospetto che quei due stiano concludendo un buon affare, ma non posso farci nulla. Aveva detto bene, mio fratello: se io fossi stata un uomo!

— E invece siete una deliziosa donnina! — esclamò il mio ex compagno di studi.

— Patrick! -- rimproverai. Egli sorrise un po' amaro:

— Lasciatemi dire la verità. Nessuno potrebbe rivolgervi un complimento più disinteressato del mio. Un moribondo come me, non può avere miraggi nel futuro!

— Vi supplico, bando alle galanterie. Non è il momento, questo.

— Bene, siamo in clima di austerità, avete ragione. Comunque, sentite un po': mi permettereste di accompagnarvi al campo, alla « Meseta de Los Sacramentos », come la chiamate?

La proposta mi giunse del tutto inaspettata ma tuttavia, lo confesso, gradita. Già avevo considerato con una certa preoccupazione, mista a fastidio, il lungo viaggio da farsi nell'interno di Sergipe. Non mi sarebbe dispiaciuta una compagnia come quella di Patrick, sempre allegra, anche se ora appariva adombrata dal suo tremendo destino. Infine, se egli conosceva quel Fisher, avrebbe potuto essermi probabilmente utile durante le trattative.

— Se però credete che io vi possa dar fastidio...

— Anzi, mi farete molto piacere! Penso però che dovreste prima valutare bene le vostre forze: il viaggio è faticoso, per le strade malagevoli e per...

— Di questo non mi preoccupo, mi sento ancora forte come un uomo sano — interruppe lui, precipitosamente.

Arcangelo Galante

— Se è così, Patrick, sono contenta che mi accompagniate e vi ringrazio.

Con le prime ombre della sera Aracajù, la nostra meta, apparve adagiata nel centro del suo piccolo golfo. Il tramonto era meraviglioso: una striscia d'oro e porpora si stendeva laggiù all'orizzonte, sull'oscura cortina di vegetazione che circondava la città e, riflettendosi nel mare, rendeva lucente ed ingemmata ogni onda che passava.

Appoggiati alla murata, Patrick ed io contemplavamo in silenzio il paesaggio, immersi nei nostri pensieri. Man mano che la nave avanzava, il mare e l'aria diventavano verdi, verde scuro, verde cupo, finché le prime luci si accesero nel porto. Passando sotto i fanali dei moli ed incrociando una moltitudine di imbarcazioni, la nave si ancorò. Eravamo giunti.

— E' una simpatica cittadina — notò Patrick, mentre un'auto ci conduceva all'albergo, nel quale avevo già precedentemente alloggiato e dì cui conoscevo i proprietari.

— A dire la verità, ho sempre attraversato questa città in occasioni così tristi, che non mi sono mai accorta di un suo particolare fascino.

— Chissà che la prossima volta, non possiate vederla con altri occhi, magari trovandovi ricca a milioni.

— Si, con il petrolio della « Meseta »! — risposi ridendo. — Ma, ad ogni modo, Patrick, non auguratemi la ricchezza della quale, in ultima analisi, non saprei che farmene. Stavo bene anche prima, a Recife, quando vivevo sola, con il mio lavoro. Piuttosto, auguratemi un vero affetto, e la cosa più bella del mondo: la serenità dell'animo.

— Non saprei darvi torto. Vi ricordate come vi scherzavo, a Rio, per le vostre tirate morali? Ora non ne avrei più il coraggio... Ho sempre creduto che la ricchezza potesse ottenere tutto, ma ho invece dovuto accorgermi che la realtà è assai diversa, almeno per me.

Stupita dalle parole di Patrick, lo osservai: egli guardava ostentatamente fuori dal finestrino e due rughe profonde gli si scavavano sulla fronte.

Neanche con un miliardo, potrei ottenere ciò che ora desidero...

— Che cosa vorreste avere, Patrick? La salute, naturalmente.

Egli non rispose. Eravamo, del resto, già arrivati e non passò molto che dovetti schernirmi dalle accoglienze degli albergatori, due coniugi

13

spagnoli, che avevano conosciuto anche mio fratello; persone simpaticissime, ma fin troppo esuberanti.

Ci servirono una buona cena in una saletta accogliente, ornata da litografie della loro patria lontana e dalla testa imbalsamata di un toro, ricordo del paese d'origine del marito, terra di valenti toreri.

Dovetti soddisfare, però, la curiosità sempre vigile dei buoni albergatori:

— Oh, signorina Rossella, quale disgrazia non aver trovato il petrolio! Se ci fosse stato, anche la nostra città ne avrebbe tratto giovamento: più traffico, più forestieri, più lavoro per tutti!

— E sì che le carte avevano predetto a suo fratello una buona riuscita — concluse con rammarico donna Consuelo, l'albergatrice, frusciandoci attorno con la sua grossa sottana a fiori. Pur essendo religiosissima, da buona spagnola, essa amava spesso e volentieri interrogare le carte, vantando la sua abilità nella predizione del futuro ed un particolare suo « fiuto ».

— Ed ora, signorina, vende tutto?

— Come fate a saperlo? — chiesi un po' indispettita.

— Ma... così si dice in giro. E' una cittadina poco popolosa, la nostra, e le voci si propagano presto. Ieri sera, poi, ha alloggiato proprio nel nostro albergo, un nordamericano, certo mister Cooper.

Scambiai un rapido sguardo con Patrick ed aprii le orecchie.

— Oh, una persona gentile e molto simpatica. Ci ha chiesto una jeep per andare laggiù alla «Meseta». Diceva appunto che quella terra è in vendita.

— Potrebbe darsi che la signorina decidesse diversamente — intervenne seccamente Patrick. Lo guardai meravigliata: che poteva mai avere in mente?

Ma ero troppo stanca per andare a fondo delle sue intenzioni. La mattina, a Recife, mi ero infatti alzata ancor prima dell'alba e sentivo ora il bisogno di riposarmi.

Pregai quindi Patrick di trattare con l'albergatrice il noleggio di una jeep in buono stato, per l'indomani, e mi ritirai subito, col proposito di dormire lungamente.

La grossa signora Consuelo, volle essa stessa accompagnarmi in camera. Socchiuse le finestre, tese le zanzariere, rimboccò le coperte, accese il lumino dell'immagine sacra che non manca mai in ogni stanza d'albergo del vecchio Brasile, poi si rivolse a me, con fare tra il misterioso e il confidenziale:

— E' il suo fidanzato, signorina?

— Chi? — domandai meravigliata. — Volete alludere al signor Patrick, il giovanotto che mi accompagna? Oh no, è solo un amico, un compagno di scuola che ho incontrato casualmente e si è offerto di scortarmi.

— E' innamorato di lei, signorina. Dia retta a me! La guarda sempre in una certa maniera...

— Ma, signora — esclamai — lei non sa che egli è molto ammalato, e che...

— Donna Consuelo non sbaglia mai: lei lo sposerà! — e, mettendosi un dito sulla bocca, essa se ne andò tutta frusciante e scintillante di orecchini e di collane.

Povera me, ed io che volevo riposare in pace! Noi possiamo avere, talvolta, un nostro segreto dubbio che sta lì, sepolto in fondo all'anima, senza dar fastidio. Ma se un'altra persona ce lo tira fuori, presentandocelo con le sue parole, allora esso diventa fonte di mille inquietudini e di mille pensieri.

Questo era il caso dei miei sentimenti verso Patrick. Io mi ero bensì accorta della particolare espressione dei suoi occhi, quando mi rivolgeva lo sguardo e nella mia mente vagava ancora quella sua sconsolata constatazione: « Neanche con un miliardo, potrei avere ciò che ora desidero », ma a tutto ciò non avevo ancora dato eccessivo peso.

L'inquietudine mi fece svanire il sonno; quale altra complicazione era sopravvenuta! Con la «Meseta», tutto si sarebbe risolto, vendendola, ma qui si cozzava contro un muro impenetrabile: la fatalità.

Avrei passata una notte in bianco, con disgraziate conseguenze, se il lumino acceso dalla signora Consuelo, non avesse attratto la mia attenzione, con il suo tenue brillare nelle tenebre.

Le mie preghiere... me le ero dunque scordate? Saltai fuori dal letto, mi inginocchiai, e pregai con fervore la Madre Celeste, confidando a Lei le mie preoccupazioni. Subito mi sentii più sollevata e non dubitai un attimo che Essa non sapesse trovare la via nascosta per sciogliere tutti quei nodi apparentemente insolubili che mi si affacciavano alla mente.

Con questa convinzione, fiduciosa come una bambina, mi addormentai subito.

CAPITOLO 2

La jeep procurataci dall'albergatore assolse brillantemente, all'indomani, le sue funzioni e, dopo aver percorso un centinaio di chilometri, alternandomi con Patrick al volante, giungemmo finalmente in vista del campo.

Non c'era da sbagliarsi: quando ogni vegetazione cessava per dar luogo ad una distesa di brulle colline, rotonde e nere proprio come teste di neri, si era ormai sulla proprietà del mio defunto fratello e, almeno per il momento, in parte anche mia.

— Non lasciatevi impressionare — raccomandai a Patrick che, forse, non si aspettava un paesaggio così desolato. — Confessate che questo va al di là di ogni vostra previsione.

— Nel suo genere, questa terra non manca di un suo fascino particolare. Sarebbe però preferibile che ci fossero, scaglionate sulla via, delle mescite di bibite ghiacciate.

Il sole, infatti, battendo sul terreno nudo e sassoso, vi suscitava un tale clima da fornace da ridurci, per poco che la strada continuasse, come panini cotti e croccanti.

— Ad ogni modo — continuò Patrick, facendosi vento languidamente, mentre io guidavo, impiegando tutta la mia mediocre abilità per superare le asperità del terreno — pare che a qualcuno questo clima confaccia molto. Parlo di quel Fisher che, come ho saputo dall'albergatore, si è spesso aggirato in questi paraggi, durante gli ultimi mesi.

— L'odore del petrolio è molto grato a certuni — osservai, senza molto interesse però, occupata com'ero a stillare sudore da tutti i pori, nello sforzo della guida.

Presto imboccai a sinistra una pista carreggiabile, costruita da mio fratello per gli autocarri, che portava direttamente al «Campo Meseta».

Infatti, dopo qualche chilometro di solitudine, interrotta dal rapido fuggire di lucertoloni e di camaleonti, apparve un gruppo di baraccamenti.

Suonai ripetutamente la tromba e mi fermai trionfalmente nello spiazzo principale del campo, mentre il personale accorreva da tutte le parti. Gli operai, che prima erano a torso nudo, si infilavano precipitosamente una giacca, più o meno rattoppata, e gridavano festosi saluti, tanto per farci un po' di onore.

Purtroppo, quella loro forzata allegria, mi faceva stringere ancor più il cuore, specialmente considerando l'estrema penuria di cui v'era traccia ovunque. I segni dell'abbandono e dello squallore erano tra le baracche: bidoni vuoti, tubi arrugginiti, arnesi ed attrezzi cui io non sapevo dare un nome ma che, invece di essere in operoso movimento, giacevano sul terreno, mezzo affondati nella polvere.

— Buone nuove, Giovanni? — chiesi al sovrintendente, quando fummo all'ombra di un capannone. Egli allargò le braccia ed il suo volto onesto espresse una grande desolazione:

— Nulla di nulla!

Un operaio, però, un alpigiano originario del Piemonte dal volto duro e tenace, intervenne:

— Niente, non è esatto. Dall'ultimo pozzo scavato sono uscite delle emanazioni gassose a forte pressione, sembrerebbe metano.

— E, allora, perché non avete continuato a trivellare? — chiese Patrick.

— Siamo giunti a trecento metri di profondità e potrebbe darsi che il petrolio si trovi più in basso, come prevedeva il signor Luca. Ma ora ci manca la nafta per azionare la sonda e, in città, il direttore del deposito ci ha dichiarato: « Non un litro di più, se prima non pagate il vostro debito! ».

Giovanni intervenne:

— L'abbiamo pregato e supplicato, ma lui, duro come un sasso. Per di più, ci ha preso anche in giro: «Adoperate il vostro petrolio, quello che avete nel terreno! ».

— Qui tutti ci scherniscono, ormai — intervenne un terzo operaio. — Bisogna piantarla!

Il piemontese, però, era di diverso parere:

— Io credo invece che il petrolio ci sia. E qualcuno deve esserne certo. Quando scavammo il terzo pozzo, un tale che abbiamo visto spesso aggirarsi qui nei pressi, si è avvicinato. Voleva sapere tante cose, ma noi l'abbiamo cacciato via, senza tanti complimenti.

— Un tale lungo e magro? — domandò Patrick.

— Precisamente — risposero gli operai — e con un bel naso a becco!

Patrick mi guardò e disse:

— Troppo curioso, quel Fisher...

— Sta di fatto — concluse Giovanni — che fino ad oggi non abbiamo trovato nulla, e siamo ridotti agli estremi.

Vendere! Già stavo per aprir bocca su questo argomento quando, inaspettatamente, Patrick intervenne:

— Sentite amici — disse con quel suo disinvolto ed avvincente modo di fare — io non mi intendo di queste cose, purtroppo, ma penso che con quarantamila dollari, voi potreste proseguire i lavori per qualche tempo. Mi sbaglio forse?

— Non sbagliate affatto — rispose Giovanni per tutti. — Ma quarantamila dollari corrispondono a circa settecentomila cruzeiros brasiliani, e dove mai troveremo una così ingente somma? E se poi non ci fosse, il petrolio, con che cosa pagheremo questo nuovo debito?

— Supponiamo che qualcuno ve li regalasse, quei benedetti dollari.

— Regalare! Oh, sarebbe un'altra cosa allora. Ma chi mai sarebbe così pazzo da...

Io avevo già compreso, naturalmente. Il munifico donatore sarebbe stato Patrick stesso. Ma io non potevo accettare tutto questo e balzai in piedi, pronta a respingere con tutte le mie forze quella proposta. Patrick mi impose di tacere, con un gesto della mano:

— Rossella, prevedo le vostre obiezioni, ma dopo vi spiegherò. Ora lasciatemi continuare, per favore. — Poi, rivolto agli operai, annunciò loro:

— Quel pazzo sarò io. Il denaro lo verserò a fondo perduto. Se non troverete nulla, amen. Se invece troverete qualcosa, ebbene, me lo restituirete, se allora... non sarò già coperto da una bene ordinata aiuola di fiori.

Non potevo parlare, un nodo di commozione mi stringeva la gola. Ma, guardando in giro, vidi la speranza improvvisamente rinascere sui volti rudi, segnati dalle fatiche, di quegli operai. Vidi luccicare i loro occhi. In quelle pupille azzurre, nere, grigie, era la medesima luce che avevo scorto nelle pupille morenti di Luca...

Dopo un attimo di silenzio, fu un'esplosione di gioia! Ognuno manifestava la sua esultanza secondo il proprio temperamento, ma la palma dell'originalità andava certamente a Gennaro, un ex scugnizzo napoletano raccolto da mio fratello, mentre vagava affamato sulle banchine del porto di Rio.

L'allegro ragazzo si mise a camminare con le mani in terra ed i piedi in alto e finì per volteggiare a ruota in cento piroette.

— Che risponderemo dunque a Fisher e Cooper? — chiesi, ancora un po' esitante.

— Li rimanderemo indietro! — esclamarono tutti. Come potevo esprimere altri dubbi, che pure mi si affacciavano abbondanti alla mente, di fronte alla gioia di quei ragazzi?

D'altronde, non mi avrebbero ascoltata. Ora Patrick aveva tratto dalla tasca un libretto degli assegni, che Giovanni e gli altri erano pazienti di tramutare in nafta ed in quant'altro occorreva per continuare i lavori. Non mi rimase perciò che di lasciarli alle loro contrattazioni, ed uscii per prendere aria, e calmare l'eccitazione dei nervi.

Gli operai, con l'istintiva ingegnosità italiana, si erano costruiti le loro baracche utilizzando le lamiere delle latte vuote ed i più inverosimili materiali di rifiuto. Tutte le casette erano fatte a mosaico, naturalmente, come la veste di un arlecchino; pure, sotto il sole, sembravano persino belle, d'una originalità tutta loro.

In fondo al villaggio in miniatura, era una pozza d'acqua, una sorgente assai povera, la cui acqua sembrava venire assorbita dal terreno arido, nel medesimo tempo che zampillava. Attorno a quel terreno impregnato dall'umido, alcuni alberi avevano trovato la forza di crescere abbastanza rigogliosi, come avviene nelle oasi del deserto.

Alla loro ombra, mi sedetti a meditare.

L'intervento inopinato di Patrick, sarebbe stato utile, o era solo il protrarsi di una inevitabile fine, un prolungamento di vane speranze? Avrebbero poi acconsentito ancora, in seguito, a comperare la « Meseta », quei Fisher e Cooper?

Solo l'avvenire avrebbe potuto rispondere alle mie preoccupazioni; per ora dovevo rassegnarmi a subire quel malessere che procura sempre una situazione non ben definita e la prospettiva di un oscuro destino.

Mentre così pensavo, alzai gli occhi verso il fogliame degli alberi ed il mio sguardo fu allora attratto da una specie di tabernacolo che pendeva dal ramo più basso di una pianta. Mi alzai in piedi e mi avvicinai, incuriosita.

Dentro una cassettina di legno, ingenuamente adornata e provvista dei suo bravo tetto spiovente, era una rozza, ma efficace statuetta della Vergine. Con le braccia spalancate, il viso un po' reclinato in avanti, la piccola Madonna sembrava accogliere il visitatore, con materna, celeste sollecitudine. Tutto in Lei pareva trasfigurarsi, esulare dalla povertà della materia e dell'intaglio, per effondersi in un grido di fede e di speranza: la fede di chi l'aveva scolpita ed appesa lì, in quel preciso luogo, a proteggere la « Meseta », la fede dei miei operai.

Le voci arrivavano ora soffocate dalla distanza; vicino a me non c'era nessuno. Alzando gli occhi verso l'immagine, congiunsi le mani:

— Madonnina — supplicai — proteggi la « Meseta ». Fa che non vada delusa l'aspettativa di questi operai. Molti di essi hanno in patria una famiglia che aspetta i loro soccorsi ed inoltre, se il petrolio zampillasse, quanti altri italiani potrebbero trovare qui lavoro e pane! Madonnina, tu che brilli anche lassù, sul Duomo della lontana Milano, proteggi questo lembo d'Italia in terra straniera...

Mi riscossi al rombo delle jeep che partivano. Poco dopo Patrick e Giovanni mi raggiunsero.

— Ah, la signorina preferisce rimanere in giardino! — esclamò ridendo il signor Giovanni. — I nostri ragazzi hanno voluto correre subito ad acquistare l'occorrente per ricominciare domattina il lavoro. Torneranno a sera inoltrata. Intanto, mentre vi riposate, io preparerò una zuppa come si deve.

— Siete dunque anche cuoco, Giovanni?

— Un passabile cuoco. Il mio menù è sempre vario: pasta, fagioli e carne in scatola a mezzodì; carne in scatola, fagioli e pasta, alla sera. Vino esaurito, per il momento... Ma per il giorno che scopriremo il petrolio, abbiamo in serbo un grande tesoro: una piccola damigiana di autentico Barbera che ci hanno mandato dall'Italia.

— Vi auguro di berlo presto. Quanto a me, riservatemi un bicchierino di vero petrolio, mi basterà! — gli gridò dietro allegramente Patrick, mentre Giovanni si avviava alle sue faccende.

Rimanemmo soli. Patrick venne a sedersi accanto a me, su di un tronco d'albero abbattuto, senza parlare, mettendosi a tracciare ghirigori sulla sabbia. Lo lasciai giocherellare per un po', quindi alzai gli occhi su di lui:

— Me l'avete fatta — dissi. Egli rimase in silenzio. Vicino a noi, la polla d'acqua gorgogliava adagio adagio, con una specie di sonnolenza.

— Patrick — ripetei — me l'avete fatta bella! Egli volse lentamente il viso verso dì me:

— Perché ho voluto finanziare l'impresa?

— Si, non dovevate privarvi di quei denari. Non credo che siate infatti così ricco da permettervi simili sprechi. So che cosa vorreste replicare, ma è pur vero che avreste invece dovuto curarvi... fare appello a tutto il sapere della scienza. Credete, se avessi indovinato le vostre intenzioni, ad Aracajù, non vi avrei permesso di accompagnarmi...

— Siete cattiva — mi disse egli per tutta risposta.

— Cattiva? E perché mai?

— Avreste voluto privarmi dell'ultimo sogno della mia vita. Vedete... — continuò egli a voce bassa — ora mi accorgo quanto sia stata inutile la mia esistenza trascorsa, senza un perché superiore, senza meta. Solo egoismo, in se stesso e basta. Ora, che mi si presenta la possibilità, voglio compiere, per la prima e forse l'ultima volta nella mia vita, un atto disinteressato. Se le ricerche falliranno, pazienza, ma se invece saranno coronate dal successo, anche sei miei occhi mortali saranno spenti, chissà che non possa rallegrarmene in qualche altro modo...

— Patrick! — per il momento non potei dire altro e dovetti attendere un po' prima di aggiungere: — Mi rammento del vostro scetticismo d'una volta. Ma, allora, voi... credete in Dio!

Egli sorrise:

— E' un credere, questo? Ecco, vicino a voi, a quei buoni operai, mi sembra di capire qualcosa, di sentire qualcosa, ma ancora lontano, pallidamente delineato e sfuggente...

Si interruppe bruscamente, alzandosi in piedi, con un moto nervoso:

— Siete stanca? Volete che andiamo a visitare i lavori? Giovanni mi ha assicurato che sono poco lontani, dietro quella collinetta laggiù.

— Verrò volentieri. Pensate che ignoro completamente quanto accade oltre queste baracche. Le poche volte che sono stata qui, non ho mai avuto tempo di occuparmene.

— Prendiamo allora questo sentiero — propose Patrick, con l'aria di un ragazzo che intraprende cautamente l'esplorazione della prateria, in traccia dei supposti pellirosse in agguato.

La terra della « Meseta » era friabile e cedevole come la sabbia del deserto. Ben presto dovetti rimproverarmi di aver obbedito, partendo da Recife, più alla civetteria che al senso pratico, calzando un paio di scarpette senza consistenza, adatte soltanto per i marciapiedi della città.

Patrick se ne accorse e si mise a ridere:

— Siete il vero tipo della pioniera. Vi manca solo l'ombrellino da sole, di quelli piccoli che s'usano ora, orlati di frangia. Ma non vi crucciate — aggiunse poi, sostenendomi mentre stavo proprio per rimetterci un tacco — se rimarrete senza scarpe, vi porterò io!

— Siete matto? Ci mancherebbe proprio anche questo per strapazzarvi del tutto, mentre abbisognate di riposo.

Egli si rannuvolò subito ed io mi morsi la lingua per le parole incaute.

— Avete ragione — disse lui con voce disperatamente amara — mi dimentico sempre che, ormai, sono un invalido.

— Non volevo dire questo! — protestai, ma ormai era troppo tardi, lo sentivo. Egli non disse altro. Camminava accanto a me, ma non aveva più quella specie di giovanile baldanza di prima; ora sembrava più curvo, più vecchio ed i capelli gli pendevano stancamente sulla fronte.

Osservandolo, mentre mi passava davanti, quando il sentiero ci obbligò a metterci in fila indiana, il cuore mi si strinse. Dov'era dunque il Patrick di Rio, vincitore dei cento metri a stile libero in importanti gare di nuoto, lo sportivo instancabile?

Un ricordo soprattutto mi si presentava vivo alla mente, pieno di rimpianto: si era al principio della primavera, con frequenti ed improvvise tempeste in mare. Un giorno, Suzanne, io e Patrick, uscimmo in barca, partendo dal « Flamengo » e ci spingemmo al largo. Una burrasca sopravvenne rapidissima, quasi inavvertita, con onde di rimando che incanutivano il mare con il loro ribollio di schiuma.

Invano puntammo su Nichteroy, per cercare scampo nella sua baia: le onde, come una liquida barriera, ostacolavano l'entrata, minacciando di sfracellarci contro i moli. Io, francamente, avevo paura, ma anche Suzanne che pure era nata sulle coste della Danimarca e quindi, secondo la sua espressione, con un piede in mare, non si sentiva più sicura di me.

Patrick fu l'unico a mantenere il sangue freddo. Ci riportò più al largo e lì, tra il ribollire del mare, inchiodato al timone, tenne la pesante barca a bordeggiare, dando prova di una forza fisica e di una istintiva perizia marinaresca davvero eccezionali:

Quando, dopo qualche ora, la tempesta si fu alquanto calmata, un rimorchiatore poté uscire dalla baia e fummo riportati in portò. Patrick era sfinito, ma una folla entusiasta, che con il cuore in gola aveva seguito la sua prodezza, volle ugualmente portarlo in trionfo.

« Una mirabile macchina umana », l'aveva definito un giorno il massaggiatore addetto al nostro circolo sportivo, alludendo alla magrezza tutta nervi di Patrick.

Ma perché simili ricordi riaffioravano ora alla mia mente, facendo risaltare il contrasto del lieto passato con la triste realtà attuale?

Camminavamo in silenzio, piccole frane di terriccio si producevano sotto i nostri passi. Magri, riarsi arbusti, scuotevano al nostro passaggio una polvere depositatasi sulle loro fibre morte, da chissà quanto tempo.

Sudavamo. Il sole scendeva adagio dietro le dune, come un enorme disco rosso, ma il vento della sera non portava refrigerio; sembrava anzi suscitare, attorno a noi, inquiete lingue di fuoco.

Giunti sul crinale della collina, scorgemmo finalmente il castello della sonda ai piedi della discesa. Ci fermammo un attimo, oppressi dalla fatica e dal calore.

— Scendiamo? — propose poco dopo Patrick. Mi osservò ed i suoi occhi si fermarono sul mio viso. Ero accaldata, rossa.

— Come siete bella! — disse piano, come tra sé, poi, di colpo, scosse il capo e si lanciò giù dalla discesa, impetuosamente.

— Piano! — gridai, lanciandomi a mia volta e, seguita da una piccola frana di sassi, mi arrestai vicino a lui.

Nella valletta, il calore era anche maggiore. La trivellatrice portava i segni della forzata inattività, poiché le sue strutture metalliche apparivano ricoperte della tenace polvere nera delle dune. Attorno alla macchina, la terra rigurgitata, gialla e screpolata dal sole. Patrick si chinò, ne raccolse un poco nel palmo della mano, la fiutò.

— Sentite qualcosa? — chiesi. — Mio fratello asseriva che la terra parla.

Mi chinai anch'io, con la mano tesa, a frugare in un mucchio. Un attimo ed un urlo mi si strozzò in gola: qualcosa dì guizzante, fuggì via rapido e, sulla polvere nera, rimase la serpeggiante orma di un rettile.

Patrick, divenuto spaventosamente pallido, fu d'un balzo vicino a me:

— Vi ha morsicato?

— No... no.

Ma l'emozione era stata troppo violenta, unita al caldo, alla fatica. Egli mi sostenne. Sentii le sue braccia fremere, le sentii stringermi...

— Patrick, Patrick!

Era la paura? No, era la terra che bruciava, che ci investiva con la sua calda vampata, era il vento infuocato, era il nostro sangue che batteva nelle vene...

Chi fu il primo a recuperare il sangue, freddo, a frenare l'impeto del cuore e dei sensi?

Ci ritrovammo a salire tristemente la china polverosa. Non osavamo guardarci in viso ed ognuno di noi due, certamente, si rimproverava di aver inserito nella nostra amicizia, sia pure solo per un attimo, un sentimento di tutt'altra specie, che non poteva né doveva esistere nel caso nostro.

— Non bisognava avventurarsi, soli, su questo terreno — disse improvvisamente Patrick, con voce strana.

Si, Patrick, fuggire il Nemico, il Tentatore, prima che egli si erga sul nostro cammino. Perché egli ferisce sempre e, anche se la sua ferita non è mortale, lascia sempre una viscida traccia, proprio come quella del venefico serpe sgusciato poco prima dal mucchio di terra...

CAPITOLO 3

Fisher e Cooper, arrivarono la mattina dopo al « Campo Meseta ». Fisher, come già l'avevano descritto i nostri operai, era un individuo alto e magro, con un naso adunco e l'espressione spavalda, tipica degli avventurieri.

Cooper, invece, che lo accompagnava, sembrava tutt'altra persona. Alto anche lui, ma più robusto, vestito con elegante ricercatezza, era il vero tipo dell'americano del Nord: volto arrossato dal sole, radi capelli biondo cenere accuratamente pettinati, espressione franca e cordiale che gli guadagnava subito la simpatia.

Scesero dalla loro jeep, ricoperta da un denso strato di polvere, e si misero subito in sospetto per l'insolita euforia degli operai. Questi, infatti, erano intenti, fischiettando e cantando, a rotolare le botti di nafta, finalmente ottenuta con i dollari di Patrick e non mostravano nemmeno di accorgersi della presenza dei due stranieri.

Avvertita da Giovanni, uscii dalla capanna dove avevo passato la notte e mossi incontro ai nuovi arrivati.

Scorgendomi, Fisher si aggiustò macchinalmente la cravatta e, abbozzando un sorriso che nelle sue intenzioni doveva essere galante, mi venne incontro con la mano tesa. Gliela strinsi con ripugnanza, mentre invece restituii il saluto a Cooper con una certa cordialità.

— Una gentile apparizione nel deserto — disse Fisher, fissandomi in modo imbarazzante.

— Ma che razza di strada! — intervenne Cooper, massaggiandosi energicamente le braccia. — Ossa di gomma, ci volevano, non le nostre di tutti i giorni!

— Quello che mi dispiace maggiormente — annunciai subito, tanto per togliere loro ogni illusione — è il fatto che, probabilmente, la strada l'avete fatta per niente.

— Come sarebbe a dire? — chiese Fisher guardandosi attorno inquieto.

— I miei ragazzi, gli operai del Campo, voglio dire, non intendono più vendere. Hanno trovato un finanziatore e possono così continuare per molto tempo ancora.

Un'espressione di profonda delusione, apparve sul viso dei due:

— Un finanziatore? E chi sarebbe questo pazzo?

— Non meno pazzo di voi due, comunque, dal momento che intendevate rilevare l'impresa — interruppe ironicamente una voce. Era Patrick, che si era avvicinato inosservato ed ora stava lì, dietro di me, con una bottiglia in mano.

— Toh, chi si vede — esclamò Fisher. — Il vecchio Patrick!

— Proprio io, e se volete gradire qualcosa di elettrizzante, sono pronto a dividerlo con voi.

— Patrick! — lo rimproverai. — Non dovreste bere al mattino.

Fisher fece una risatina ironica:

— Ah, ah, avete dunque trovato l'angelo che vi guida, eh, caro Patrick? Bene, una dolce società, dunque...

Indignata, avvampai, ma Patrick reagì di colpo ed il suo pugno, con una forza che non si sarebbe sospettata in un uomo malato, piombò sul viso di Fisher.

Questi avrebbe certamente contrattaccato, se Cooper non si fosse interposto energicamente. Doveva avere una certa autorità sul suo compagno, poiché l'ira di quest'ultimo svanì di colpo.

— Diamine. In presenza di una signorina! Siete impazziti?

— Scusatemi, Rossella — esclamò Patrick. Fisher non disse nulla, ma uscì dalla capanna, massaggiandosi il viso.

Cooper guardò il proprio orologio da polso:

— Bene, siete proprio decisi a non vendere? Signorina, questa è l'ultima volta che possiamo farvi un'offerta, poi non saremo più disposti a comperare... rifletteteci bene.

Guardai Patrick. Nessun operaio era in vista, si trovavano tutti ai pozzi e non si erano nemmeno dati la briga di assistere al colloquio. Conoscevo però i loro sentimenti:

— Mi spiace, ma non vendiamo.

— Amici ugualmente — disse Cooper ed il suo tratto, prima improntato ad un gelido stile affaristico, cambiò immediatamente. Il suo viso si aprì in una cordiale espressione e si affrettò ad offrirci delle sigarette, aprendo un superbo astuccio d'oro.

— Posso chiedervi, signorina, se avete intenzione di fermarvi qui, o di ritornare a Recife? — mi chiese poi.

— Io debbo ripartire oggi stesso. Ma il signor Patrick non so.

Guardai Patrick interrogativamente, con un po' d'ansia. Che avrebbe deciso?

Arcangelo Galante

— Non rimarrò qui certamente — rispose egli, un po' esitante.
— Io, veramente, ero diretto a Bahia.

— Allora, per lei, signor Patrick, non posso far nulla — esclamò l'americano — ma se la signorina volesse approfittare, ad Aracajù mi aspetta il mio aereo privato. Prima di sera saremo a Recife.

— Un aereo privato?

— Oh, sì — rispose lietamente mister Cooper — e poiché l'affare non ha potuto concludersi — aggiunse in tono malizioso — preciserò ora meglio la mia esatta qualifica. Ogni ragione di riservatezza diventa ora superflua.

Come avevamo sospettato, egli era il rappresentante generale di una grande compagnia petrolifera nordamericana. Fisher ne era solo un agente di secondaria importanza.

Il dispetto che era apparso, all'offerta di mister Cooper, sul volto di Patrick, mi fece sorridere.

— Sono lieta di approfittare della vostra cortese offerta, mister Cooper — dissi, un po' imbarazzata. Poi guardai Patrick: era addirittura nero.

— Bene, allora affrettiamoci. Il viaggio è lungo, per arrivare ad Aracajù.

Non c'era che da prepararsi. Gli operai erano lontani e, per quanto mi dispiacesse ripartire senza accomiatarmi da loro, lasciai i miei saluti ad alcuni giovanotti che stavano riparando una macchina, lì vicino.

— Parte, signorina? — mi chiesero, pulendo le mani unte di grasso nei pantaloni, prima di stringere la mia.

— Sì, e preparatemi qualche buona notizia per quando ci rivedremo.

Uno di loro aveva una commissione da affidarmi:

— Mi scusi, signorina, ma lei che abita a Recife forse potrebbe interessarsene...

— Dite pure.

— Ecco, io ho una zia, in quella città, o almeno, dovrei averla, se non le è capitato nulla di male. Partì dall'Italia una ventina di anni fa e ci scrisse, saltuariamente, fino all'inizio dell'ultima guerra, poi non abbiamo saputo più nulla. Quando lasciai anch'io l'Italia, mia madre mi ha tanto raccomandato di rintracciare sua sorella. Le era così affezionata, la mia cara vecchietta! Ma, cosa vuole, ho dovuto tanto lottare con la miseria, che non mi è stato finora possibile recarmi a Recife.

— Avreste potuto scrivere al consolato italiano di quella città.

Il buon operaio fece una smorfia:

— Vede, signorina, quella grossa pietra laggiù? Ebbene, per essere sincero, mi starebbe più leggera in mano essa, con tutto il suo peso, che non una penna!

— Bene, bene, ci penserò io. Se vostra zia si trova ancora in Recife, saprò rintracciarvela.

Segnai i dati forniti dal richiedente su di un foglietto, che riposi nella mia borsetta, e mi avviai verso la jeep, che Patrick aveva frattanto tolta dai capannone.

— Noi vi precederemo — ci disse mister Cooper. — Sarà bene distanziarci, per non mangiare troppa polvere.

— Sta bene — rispose Patrick, asciutto asciutto. Mentre mi legavo un fazzoletto sulla testa e mettevo gli occhiali neri, lo osservai. Aveva il volto chiuso e contratto e, intanto che aspettavamo, non smise mai di frugare nel motore, per evitare di guardarmi in viso.

— Possiamo partire anche noi, ora — proposi, quando la nuvola di polvere lasciata dalla macchina dei nordamericani, fu sparita dietro le dune.

— Avete fretta, eh? — rispose Patrick, mettendo in moto la jeep.

— Di correre dietro all'americano? E' questo che volevate sottintendere, vero? Vergognatevi, Patrick!

— Si, avete ragione, sono uno stupido. Che diritto ho io di censurarvi? Fate pure quello che volete, naturalmente!

Povero Patrick! Io capivo benissimo la sua pena, e ne avevo il cuore straziato: era come un uccello in gabbia, che vede tra le sbarre l'oggetto dei suoi sogni e dei suoi desideri, ma che pure sente sopra di sé inesorabile il destino, e si agita impotente e disperato.

In fondo, la colpa era mia. Egli era rassegnato al suo destino, prima di incontrarmi; ora, invece, si sentiva riassalito dal rimpianto di ciò che doveva lasciare. Ma io lo volevo a Recife, poi avrei parlato del suo caso a Suzanne: chissà che non si potesse tentare una nuova cura con qualche probabilità di successo.

Io speravo, speravo ancora...

Arcangelo Galante

Quando, dopo un'ottantina di chilometri, sbucammo finalmente sulla larga strada asfaltata, trovammo, ferma sotto l'ombra di alcuni alberi, l'altra jeep che ci aspettava. Ormai potevamo, infatti, viaggiare di conserva. Il signor Cooper ci lanciò un allegro:

— Halloo! Niente di rotto?

— Tutto bene — risposi. Patrick si limitò a stringersi nelle spalle.

La regione attorno ad Aracajù è fertilissima e, come per contrasto al deserto attraversato prima, la strada pareva addentrarsi in un vero Eden.

Ecco infatti le ordinate piantagioni di cacao, i cui fiori e frutti, sviluppatisi contemporaneamente, pare cantino il rigoglio di una eterna primavera; ed ecco il profumo irrompente degli aranceti, abbeverati dalle dolci acque dei canali di cui abbonda questa generosa regione. Sul nostro capo, spaventati dal rombo dei motori, volavano a tratti frotte di uccelli d'ogni colore, che poi andavano a celarsi sotto le monumentali cupole dei castagni di Parà, alti anche più di cinquanta metri,

— Lo sapevate — dissi scherzosamente a Patrick, per distrarlo, additandogli i frutti di quei colossali alberi — che quelle castagne sono anche chiamate « marmitte delle scimmie »?

Egli rise, ma un po' forzatamente. Lo osservai di sottecchi: pallido, concentrato apparentemente nella guida, i suoi occhi erano fissi, cerchiati, stanchi.

— Siete in collera con me, Patrick? Forse per la storia del nordamericano e del suo aereo? Ma, scusate, voi non mi avreste ugualmente lasciata, una volta giunti ad Aracajù?

— No, se me l'aveste permesso, sarei venuto con voi a Recife.

— Ma allora — gridai — non fate il bambino e accompagnatemi una buona volta! Accelerate, vi prego, ed affiancatevi alla jeep degli americani.

— Ehi, mister Cooper — gridai, quando fummo vicini — ce l'avreste un posto per il signor Patrick sul vostro aereo? Ha cambiato idea e vorrebbe trovarsi a Recife per godersi il prossimo carnevale.

Cooper parve poco entusiasta della richiesta, ma dovette fare di necessità virtù:

— Poiché Fisher rimane qui, egli potrebbe prendere il suo posto.

— Grazie, molto riconoscente.

— Avete visto come si fa? — chiesi poi a Patrick, soddisfatta.
Ma egli mi deluse:
— C'era bisogno di sorridergli tanto? — rimproverò cupo.

CAPITOLO 4

L'indomani mattina, mi svegliai agli acuti strilli di mio nipote Pedro, figlio del mio defunto fratello e di donna Dolores, la vedova, con la quale appunto convivevo.

Che ora poteva essere? Balzai dal letto e spalancai le finestre. La striscia di mare che si intravvedeva laggiù, oltre la distesa di case, luccicava già per il pieno sole. In vestaglia, mi precipitai alla toeletta, in tempo per assistere alla solita scenetta di mia cognata che inseguiva, spugna e sapone in mano, il ribelle Pedro.

Afferrai al volo il bambino:

— Come farai a crescere e a diventare un bel « gaucho » (era il suo sogno), se non ti lavi il viso?

Pedro mi guardò corrucciato e mi espresse urlando la sua convinzione che i « gauchos », non conoscessero nemmeno l'uso del sapone. Mia cognata lo afferrò saldamente e lo portò di peso al lavabo. Là, tra spruzzi e schiuma, trovò il modo di punire il bambino con due solenni scapaccioni, facendolo strillare in modo tale che non potei trattenermi dall'intervenire.

— Sei troppo dura, Dolores — la rimproverai — si può educare anche con la dolcezza!

Mia cognata mi guardò irosa:

— Sono stufa — gridò — stufa di questi due bambini. Tutto il giorno dietro a loro, tutto il giorno a sfacchinare!

Chinai il capo. Si, forse mia cognata non aveva tutti i torti, era duro il governo della casa e lei doveva, in parte, curare anche le mie cose. Ma, dopotutto, ero ben io che mantenevo lei e i suoi bambini; ciascuno di noi aveva il suo compito e del resto, pur tornando stanca dal lavoro, alla sera, trovavo spesso il modo di aiutarla. I miei indumenti, per esempio, li lavavo e stiravo io stessa.

Certo, dovevo riconoscere che Dolores era ancora una bella donna: alta, di forme piuttosto imponenti, appariva il tipo classico della spagnola di alto casato. Sempre in casa, era sprecata, lo capivo, ma che potevo farci?

A poco a poco, l'esasperazione di Dolores era diventata così acuta, che io ero ben contenta di uscire di casa al mattino per ritornare tardi alla sera. Mi rincresceva solo per i bambini, Pedro e Manuele, esposti alle crisi di nervi della madre, che era per il resto un'ottima creatura.

Me la svignai, dunque, anche quel mattino ed uscii all'aperto, nel bel sole. Una brezza leggermente frizzante spirava dal mare e trovai quindi piacevole percorrere a piedi la strada, dalla casa alla clinica.

Era bello costeggiare i lunghi placidi canali della città, di un intenso azzurro riflesso di cielo, solcati dalle lente vele delle caratteristiche barche piatte dei pescatori. Di tanto in tanto mi fermavo ad ammirare i quadretti di colore, formati dalle vecchie case di stile coloniale dell'antico centro, con i pettegoli gruppetti di lavandaie meticcie, chine sull'acqua, i festoni di boungavillee, di garofani, di fucsie, traboccanti dall'ombroso mistero di certi chiusi giardini.

Man mano che scendevo verso il porto, passando nei quartieri moderni della città, le strade si allargavano, con doppi filari di palme, giardini e piazze si aprivano, senza risparmio di spazio, sezionando bianchi quartieri di grattacieli e di ville.

La clinica « Vasco da Gama » sorgeva, con la sua modernissima distesa di padiglioni, al margine occidentale dell'abitato. L'entrata si apriva in un'immensa piazza a giardino, con palme e fontane, pulitissima e bene ordinata.

Dalla sede dell'amministrazione, dove avevo dapprima lavorato anch'io, si staccava come appendice una minuscola villetta, seppellita sotto le verdi fronde di alberi annosi, adibita a studio particolare del professar Leopoldo Pereira. Vicino all'entrata, sussurrava una piccola fontana, dai pesciolini dorati. Un bel posto davvero, seppellito in una luce d'acquario, bianco e fresco, dove mi trovavo veramente bene.

Come era lontana, l'arida selvaggia solitudine della « Meseta de Los Sacramentos »! Quasi quasi, ritrovando le mie solite cose d'ogni giorno, mi sembrava di aver sognato tutto: il tragitto in piroscafo fino ad Aracajù, le jeep, le sonde, gli operai, Fisher e Cooper, l'aereo di quest'ultimo e... Patrick.

No, Patrick, davvero non l'avevo sognato. Il suo volto malinconico ed amaro, i suoi capelli spioventi color del miele, i suoi occhi azzurri un po' ironici: egli era tutto lì, nel mio cuore.

Guardai l'orologio: Pereira, di solito, non entrava in studio, da buon sudamericano, prima delle dieci. Mi restava giusto una mezz'ora, per andare in cerca di Suzanne Janssen. Telefonai al reparto: la direttrice si trovava presente, che andassi pure.

Traversato un cortile ed un dedalo di corridoi, tutti uguali, tutti immersi nella medesima luce d'acquario, con diabolici usci che si aprivano in modo speciale e ascensori rapidi e silenziosi, arrivai finalmente dove Suzanne mi aspettava.

Davanti alla mia ex compagna di studio, io mi sentivo sempre un po' a disagio. Alta e bellissima, con un corpo atletico ed armonioso insieme, che le veniva dall'assiduità agli sport, bionda di capelli e dal volto un po' scavato, essa appariva un perfetto campione della sua razza. I suoi occhi, tuttavia, erano piuttosto duri, d'uno strano glaciale azzurro.

Il camice bianco le donava moltissimo, e contribuiva a conferirle il necessario prestigio professionale. Io stessa avevo, infatti, visto degli ammalati piuttosto ribelli, obbedire senza un motto, soggiogati dal suo freddo ascendente.

— Qualche « grana » amministrativa? — mi chiese, non appena l'infermiera mi ebbe introdotto. Infatti la nostra amicizia, da quando ella era salita all'attuale posto direttivo, si era ormai ridotta ad un fugace contatto per ragioni di lavoro.

— Oh, nessuna seccatura, per fortuna. Sono appena tornata dalla « Meseta » e non so quindi ancora quello che è successo qui, in questi ultimi due giorni. Ricorro a te per un'altra ragione, che riguarda piuttosto la tua competenza professionale. Sai chi ho incontrato, durante il viaggio?

Ella mi fissò con freddo sguardo interrogativo, senza peraltro rispondermi.

— Ebbene, ho incontrato. Patrick, il nostro ex compagno di studi, il tuo connazionale!

Suzanne si risovvenne subito di lui, ma la notizia non parve interessarla molto.

— Non sarei venuta a disturbarti — proseguii — se il caso non fosse pietoso. Patrick è gravemente ammalato ed egli ritiene prossima la sua fine. A quanto pare deve trattarsi probabilmente di un granuloma maligno, di un tumore insomma! Se tu vedessi, Suzanne, come il male lo distrugge, lui che era così forte e sportivo. Ti ricordi i suoi tuffi in mare aperto, a Rio?

La rievocazione parve scuotere l'impassibilità di Suzanne e notai in lei un certo risveglio di attenzione.

— Granuloma maligno, tumore? Non è una diagnosi sufficiente, per poter esprimere un qualsiasi giudizio. Ma, dimmi, chi l'ha curato finora?

Citai i nomi di alcuni medici che Patrick stesso mi aveva nominato ma, come mi aspettavo, vidi Suzanne scuotere il capo. Era molto brava, nel suo ramo, ma nutriva generalmente per i colleghi una scarsa fiducia.

— Digli che lo aspettiamo. Esamineremo il suo caso.

— Grazie, Suzanne, desideravo appunto il tuo appoggio a questo riguardo.

— Vedremo — rispose brevemente Suzanne.

— Purtroppo — proseguii — non sono nemmeno sicura che egli acconsenta. Da quando lo hanno giudicato inguaribile, si è rassegnato al suo destino e non vorrebbe più essere tormentato. Però, credo che finirà per accettare un nuovo esame.

— Che non aspetti oltre — concluse Suzanne — se no, arriverà qui in tempo per... farsi seppellire.

Riattraversato il cortile, sentii nell'aria, passando sotto le finestre della palazzina, un acuto odore di sigaro. Che Pereira fosse già arrivato? Mi ricordai però che il professore non fumava, ed infatti non era Pereira, ma suo figlio Francisco che trovai, di là della porta a vetri, semi-sdraiato in una poltrona dell'anticamera, intento a fissare il soffitto con aria svagata.

— Bene — esclamò vedendomi entrare — questa volta Italia batte Brasile in fatto di ritardo.

— Non ero a passeggio, signor Pereira — gli risposi un po' risentita — ma bensì dalla dottoressa Janssen.

— Oh, per me, signorina Rossella — riprese egli, gettandomi pigramente un'occhiata che mi fece fremere d'ira — le avrei già da tempo assegnato un impiego, con il quale potrebbe benissimo dormire fino a mezzogiorno!

Finsi di non aver capito, tanto per troncare il discorso. Francisco Pereira era infatti proprio quel tipo, scherzosamente citato da Patrick, che poteva coprirmi di gioielli e portarmi via. Sarei davvero insincera se non confessassi che qualche volta, specialmente dopo una sfuriata di mia cognata, avevo ben pensato ad una soluzione di questo genere. Quale ragazza non si sarebbe reputata fortunata di diventare la nuora di Leopoldo Pereira, il celebre chirurgo, ricchissimo per giunta?

Francisco era però una vera nullità. Dal padre non aveva ereditato né la fermezza di carattere, né l'attività, né la prodigiosa intelligenza che l'aveva fatto diventare un luminare della scienza medica. Del figlio non si sapevano, raccontate in segreto, che le storielle delle sue avventure, e le continue sciocchezze con cui arricchiva la sua vita.

Non c'era da meravigliarsi quindi se, quando mi accadeva di rivedere quel suo volto un po' ebete, dal colorito olivastro, quella sua eleganza esagerata, quei suoi occhi bovini in cui non v'era lampo di vera vita, io giurassi a me stessa che, piuttosto di sposare un uomo simile, sarei rimasta nubile per tutta la vita.

— Del resto — continuò egli, passandosi una mano grassoccia ed inanellata sulla bocca per soffocare uno sbadiglio — io stesso non ho chiuso occhio, questa notte.

— Avrete forse mangiato troppo, ieri sera — insinuai, conoscendo la sua debolezza per la buona cucina francese.

— Macché. Mi trovavo alla « Copa d'Azul »: non ci fossi mai andato! Ho giocato tutta notte con un maledetto forestiero, che m'ha lasciato senza il becco d'un quattrino. Speravo appunto di trovare qui mio padre...

— Un forestiero? — chiesi svagata.

— Si, un danese, mi pare, o qualcosa di simile. Un giovanotto tutto pelle ed ossa, ma che fortuna indiavolata aveva! Mi ha prosciugato totalmente le tasche e poco ci mancava che non perdessi anche i miei anelli.

Un danese! La mia attenzione si risvegliava:

— Come si chiamava? — chiesi.

— Il suo nome... Beh, mi sembra che lo chiamassero Patrick, laggiù.

Fremetti di sdegno: Patrick in un locale notturno! Ed io che...

Francisco proseguiva intanto, con quel suo fare fatuo:

— E sapete che mi combina, dopo? Usciamo insieme, all'alba, lui tutto allegro ed io abbastanza rimminchionito per la disdetta che mi aveva perseguitato. In quel momento passa una carretta condotta da una donnetta del contado; egli prende la rincorsa e, prima che io possa riavermi dalla sorpresa, introduce il fascio dei cruzeiros in uno dei cesti della vecchia rivendugliola, che non si accorge di nulla!

« Ehi, gli chiedo, siete impazzito? ». E lui mi risponde: "Quella era una povera diavola. Del resto, mi sentirei diminuito se trattenessi del denaro passato tra le vostre zampe di ozioso gaudente". Come se io non mi occupassi anche di cose serie, nel poco tempo che mi resta libero!

Mio malgrado, dovetti ridere, immaginando la scena: Patrick che correva con le banconote in mano, l'ira di Francisco e la successiva sorpresa di quella povera vecchietta. Questo era proprio un gesto tutto di Patrick e, per un momento, gli perdonai la delusione di saperlo frequentatore di quei ritrovi, del resto assai diffusi nelle città del Brasile dove, per clima ed abitudine, la vita notturna è assai praticata.

Avrei voluto farmi raccontare qualcosa di più, ma il noto passo di Pereira ci fece interrompere il dialogo. Il chirurgo entrò con il suo solito passo frettoloso, e con l'inseparabile busta di pelle sotto il braccio.

Non alto di statura, piuttosto scarno e coi capelli grigi, Leopoldo Pereira aveva una sua marcata personalità che soggiogava. Mente scrutatrice e razionale, era però profondamente cattolico e mai dalle sue labbra io avevo sentito qualche concetto, qualche assioma scientifico che esulasse dalla dottrina spirituale cristiana. Ed in ciò era totalmente diverso dalla sua più promettente collaboratrice, Suzanne Janssen, la quale, del puro materialismo scientifico aveva fatto il proprio credo.

Solamente con il proprio figlio, spalleggiato da una madre sempre pronta a difenderlo, Pereira non sapeva e non poteva esser forte. Anche questa volta, benché il suo viso divenisse cupo ed accigliato, non obiettò nulla alla richiesta del figlio e, senza far motto, gli consegnò alcuni biglietti di banca.

— Grazie, ottimo padre! — disse Francisco riponendoli e forse già almanaccando sul modo migliore di spenderli. — Ci rivedremo a pranzo. Ed a lei, signorina, tante belle cose. Se non le dispiacerà, verrò ancora presto a far due chiacchiere in sua compagnia.

Detto questo egli se ne andò, mentre io arrossivo violentemente. Mi indispettiva quella sua sfacciataggine in presenza di suo padre. Con mia sorpresa, però, vidi Pereira scrutarmi, con benigna espressione. Forse che lo sfortunato padre considerasse di buon occhio l'infatuazione del figlio per me? Forse che in cuor suo ritenesse conveniente l'influsso moderatore, che una moglie modesta e saggia avrebbe potuto esercitare sul suo scioperato erede?

Avrei voluto subito disilluderlo, ma non potendo essere io la prima ad affrontare l'argomento, ritornai alle mie carte, un po' scossa e confusa. Avevo però appena abbassato il capo sul mio lavoro, che Pereira mi pose all'improvviso una richiesta insidiosa:

— Signorina Rossella — mi chiese — scusi la domanda un po' indiscreta, ma ormai io mi considero per lei quasi un padre: si è forse già fidanzata con qualcuno?

Celando il mio turbamento, risposi:

— No, professore, non ancora. Anzi, per il momento, non ho proprio intenzione di sposarmi. Lei comprende certamente: mia cognata, i bambini... insomma non desidero impegnami in nessun modo!

— Vedo, vedo... e che cosa ha combinato, poi, circa il giacimento di petrolio?

— Il presunto giacimento, vorrà dire, professore. Si tira avanti alla cieca per ora, purtroppo. Quasi contro la mia volontà, abbiamo trovato un nuovo finanziatore. — E colsi l'occasione di parlare anche di Patrick al chirurgo, che si interessò molto al caso:

— Affidandolo alla dottoressa Janssen, può essere sicura che nulla resterà di intentato per la guarigione, se guarigione potrà esservi, del suo protetto. Quella donna è di una competenza eccezionale, in fatto di diagnosi! Inoltre, avremo prossimamente tra noi un medico austriaco, ideatore di un nuovo metodo di cura contro questo genere di affezioni. Potremo eventualmente sperimentarlo anche sul suo malato.

— Mi raccomando, signor Pereira. Ho più fiducia in lei che negli altri!

Egli sorrise:

— Sono semplicemente un chirurgo, io. In ogni modo, mi avverta, quando il signor Patrick entrerà in clinica. Andrò a dargli un'occhiata.

Lo ringraziai, contenta. Un'occhiata di Leopoldo Pereira valeva già molto! Il primo passo era fatto; ora però, mancava il malato.

« Davvero, avreste piacere di rivedermi? », mi aveva chiesto Patrick, quasi incredulo, la sera prima, all'aeroporto di Recife, mentre salivo in taxi.

« Certo. Sarei contenta di trovarvi qualche sera, alle sei, quando esco dalla clinica. Ci sono alcune panchine sotto le palme del piazzale. Potrete così sedervi, tranquillamente, ad aspettarmi, caro il mio invalido! ».

Ma invano cercai, quella sera, la sua testa color miele, tra il verde delle aiuole: Patrick non c'era...

CAPITOLO 5

Vi sono dei giorni in cui la natura si ammanta di un particolare splendore. Quella domenica, infatti, un fresco venticello di levante, aveva con grande zelo lucidato a nuovo cielo, mare, e passata una mano di colore sulle foglie degli alberi e sulle piume variopinte degli uccelli, che cantavano a tutto spiano.

Solo io non partecipavo alla festa della natura. La ragione era questa: Patrick non si era ancora fatto vivo, ed io non facevo che rimproverarmi di non avergli chiesto, per eccessiva delicatezza, il suo preciso indirizzo o, perlomeno, di non aver sufficientemente insistito perché si facesse rivedere.

Suzanne stessa mi aveva più volte domandato sue notizie, sollecitata anche dal fatto che, proprio in quel periodo, si stava sperimentando in clinica un certo trattamento contro il cancro, dal quale, forse, anche Patrick avrebbe potuto trarne giovamento.

Immersa in tali pensieri, camminavo adagio, mentre Pedro, il mio nipotino, correva davanti a me. Era domenica, l'avevo condotto ad uno spettacolo per ragazzi ed ora, felice, si godeva anche un bel gelato.

Improvvisamente sentii uno stridio di freni vicino a me ed un'auto si fermò di colpo.

— Salve! gridò una voce piuttosto roca ed ebbi subito una sgradita sensazione: quello era di certo Francisco Pereira! Sporgendosi dall'auto egli, infatti, stava sciorinandomi il suo più bel sorriso.

Già stavo per ricambiare il saluto con gelida superficialità, quando un pensiero mi attraversò veloce la mente. Mi avvicinai allo sportello:

— Buona sera, signor Pereira — gli dissi, con la miglior buona grazia che potevo. — Vi siete fatto ancora pelare?

— Pelare? — Di quella famosa conversazione (erano passati ormai una quindicina di giorni) egli non si ricordava nemmeno più.

— Sì, da quel Patrick, vi rammentate? — Cercavo di parlare con indifferenza, ma il cuore mi batteva.

— Ah, quel filantropo! No, non son mica stupido, poi. Una volta passi, ma due no, per la testa di Giove!

— Ma, l'avete incontrato ancora?

Francisco pensò un poco, corrugando le folte sopracciglia nere:

— Ecco... mi sembra di averlo visto qualche sera fa alla « Copa » ma non potrei giurarvelo, perché ballavo. A proposito, avete sentito del successo dell'ultima danza, la...

— Sentite — tagliai corto — avrei bisogno di parlare con quel Patrick. Sapete per caso dove abita?

Francisco parve disorientato:

— Volete quel tale? Avete forse dei soldi da buttar via?

— No, tutt'altro, non è per giocare una partita che chiedo di lui, ma per un altro affare, del tutto personale.

— Non so proprio dove abiti. Ma, accidenti, perché non venite con me questa sera alla « Copa d'Azul »? Lo troverete di certo!

Davanti a questa proposta, in certo qual modo giustificata, tacqui perplessa. Andare con Francisco in un locale notturno... era cosa che potevo fare?

La prospettiva di avermi vicina per un'intera serata, rese eloquente il rampollo di Leopoldo Pereira:

— E soprattutto — esclamò con quel suo fare ampolloso, mettendosi una mano sul cuore corazzato di flanella a quadri — vi giuro che con me, non avrete nulla a temere! Vi ho collocato troppo in alto, io! — ed agitò le braccia verso le nuvole, come se lassù mi avesse costruito un trono ideale.

Arcangelo Galante

— Bene — risposi — se è così, verrò senz'altro.

— A questa sera, dunque. Passerò a prendervi verso le nove. Per ora vi lascio al vostro amato nipotino. Che caro ragazzo, ciao ciao!

Afferratami una mano, vi depose l'umidiccia impronta delle sue labbra carnose, quindi, risalito in macchina, si avviò, in una scia di sorrisi e di rombi.

Avevo fatto bene, ad accettare? Nel breve tragitto che mi conduceva verso casa, ebbi modo di pentirmi e di rallegrarmi alternativamente della decisione, almeno una decina di volte. Poiché avevo però ormai promesso, non mi restava altro che pensare alla mia toeletta per la sera, e non era cosa da poco, per una persona certamente non abituata alla vita notturna dei locali di moda.

I preparativi che feci, misero subito di malumore mia cognata e, per acquietare i suoi brontolii, dovetti confidarle che il mio cavaliere sarebbe stato il figlio di Leopoldo Pereira: un riccone dunque. Questa circostanza, che creava nella sua fantasia chissà quali rosee prospettive per l'avvenire, la calmò subito e si diede da fare per aiutarmi.

Possedevo un abito da sera, che mi ero fatta confezionare l'anno prima, in occasione di una festa per la promozione di Suzanne: molto semplice, azzurro cupo, con una rosa violacea sullo scollo. Una lieve scollatura, che in un locale notturno sarebbe apparsa addirittura monacale, ma che mi permetteva tuttavia di uniformarmi al carattere mondano dell'ambiente.

Curata la pettinatura, avevo ormai completato il mio abbigliamento e mi sentivo abbastanza elegante per non sfigurare.

Non erano ancora scoccate le nove, che il clacson risuonò nella strada. Proponendomi di non lasciarmi subito nauseare dal volto grasso e volgare, dalle grosse labbra sormontate da umoristici baffetti a virgola e dagli occhi bovini, uscii incontro a Francisco che mi attendeva tenendo aperta la portiera, inchinandosi con la sua solita esagerata galanteria.

Aveva cambiato auto nella rimessa di suo padre. Questa era: una « Mercedes » di gran lusso, blu notte. Appena salita, egli, raccolto un mazzolino sul sedile, me lo porse. Erano tre orchidee, dai riflessi meravigliosi.

Nel paese dove tali fiori parassiti nascono spontaneamente nella foresta, tutta l'abilità del giardiniere consiste nel renderli eccezionali per forma e colore.

Questi erano gioielli viventi e la loro gola, vorace fauce, scintillava di mille colori, al riflesso del cruscotto. Ringraziai Francisco ed egli mi rispose con uno dei fioriti complimenti che fanno, del sudamericano, un compito cavaliere. Guai, però, a lasciarsi commuovere da tali ampollosi apprezzamenti!

Copa d'Azul, il locale dove eravamo diretti, era una costruzione fastosa, arieggiante lo stile moresco, nascosta in mezzo ad un lussureggiante giardino. Nella sua parte posteriore, protendeva le sue terrazze, illuminate da lampade azzurre, direttamente sul mare. E lì all'aperto, quando non era brutto tempo, si ballava, mentre nelle sale interne si riunivano coloro che preferivano l'emozionante incertezza del gioco.

Guidata da Francisco tra i tavolini, già gremiti di personaggi più o meno agghindati e bardati, mi sentivo molto infelice, con una grande voglia di scappar via. Mi feci forza, però, pensando alla missione che mi ero proposta di compiere, ben decisa ad andare fino in fondo.

Francisco, invece, si sentiva perfettamente a suo agio e distribuiva, passando, sorrisi graziosi e saluti ad una infinità di conoscenti. Un cameriere nero ci venne incontro sorridendo:

— Da questa parte, signor Francisco. Conosco i suoi gusti e questa sera c'è libero un angolino che le piacerà certamente.

I gusti di Francisco non dovevano essere neanche troppo cattivi, poiché il nero ci accompagnò in un angolo della terrazza che era veramente delizioso, anche per il mio spirito prevenuto, un po' lontano dalla piattaforma delle danze. Dietro a noi luccicava il mare, schermato dalle grandi piante tropicali, sulle quali la luce azzurra delle lampade giocava con mille riflessi.

Davanti a noi, la distesa dei tavolini, posti a semicerchio intorno alla piattaforma, coperti da tovaglie candide ed ornati da fiori e da frutta d'ogni specie. Più in alto, musi neri in abito azzurro, l'orchestra che accompagnava in sordina le cene, con i ritmi di un rozzo dixieland originario, ritornato di attualità per un capriccio della moda.

Mi sentivo un po' intimidita. Dai tavolini vicini occhieggiavano verso di noi pupille curiose e mi pareva di indovinare i commenti:

« Ehi, che ne dici di quelle nuova ragazza accanto a Francisco? Niente di speciale, vero? » oppure, bando alla modestia: « Mica malvagia, vero, quella tipa vicino a Francisco? ».

Elegantissime le signore, ai tavolini, con prevalenza del tipo bruno meridionale, ma anche con rappresentanze di inglesi madreperlacee, nordiche altissime e statuarie e forse anche una slava, dagli zigomi larghi e dalle verdi pupille.

Francisco si chinò verso di me, porgendomi la lista delle vivande:

— Vi piace l'ambiente? Io, veramente, vi avrei portato in un locale più intimo e signorile, ma voi avete preferito venir qui.

— Fin troppo di lusso — esclamai — confesso che mi sento un po' a disagio, con tutte queste bellissime donne!

Francisco girò intorno i suoi occhi bovini:

— Dove le vedete le donne bellissime? Vi stimate poco ma, in realtà, voi le superate tutte. Osservate quella là, ad esempio — e mi indicò una graziosa donnina tutta fossette, boccoli e dolcezza: — Bene, non assomiglia forse ad una torta alla crema? Dovreste vederla al tavolo da gioco: un avvoltoio!

L'accenno di Francisco al tavolo da gioco, riportò i miei pensieri alla causa della mia presenza in quel luogo. Tra coloro che cenavano, Patrick non c'era e nelle sale interne, ancora buie, i giocatori non erano presenti. Sarebbero arrivati più tardi, mi spiegò Francisco, non prima delle dieci.

— Non abbiate paura — aggiunse il brasiliano — al momento giusto lo pescheremo. E' socio del club, e viene ogni sera. Tipo assai strano e bizzarro, quel vostro individuo, che destina alla beneficenza le vincite di gioco!

Desideravo sentir parlare di Patrick, ma nello stesso tempo mi urtava che egli frequentasse quel locale, anche se il suo scopo era evidentemente quello di distrarsi per dimenticare.

Errando con lo sguardo tra la clientela del locale, fui molto sorpresa di scorgere, in un dignitoso signore in abito nero e fiore all'occhiello, che stava pranzando in compagnia d'altri, l'aspirante acquirente della « Meseta », mister Cooper.

Proprio in quel momento egli si volgeva per dare ordini al cameriere ed i nostri sguardi, con un po' d'imbarazzo da parte mia, si incrociarono. Non potei evitare un cenno di saluto.

— Lo conoscete? .— chiese Francisco.

— Ho avuto a che fare con lui per il giacimento di petrolio, ma è stato un contatto puramente occasionale.

— Un nordamericano! — esclamò Francisco, con un certo disprezzo. — Un businessman, gente rozza che non sa trattare con le signore!

Frattanto l'orchestra, che fino allora aveva suonato in sordina, scoppiò improvvisamente nella frenesia di un ritmo cubano: il mambo! Impercettibile all'inizio, un fremito galvanizzante passò fra gli occupanti dei tavolini e la tensione raggiunse il massimo, quando tre ballerini balzarono sulla piattaforma: due neri ed una mora dagli occhi bistrati e dai capelli ricci.

Le luci troppo forti si velarono, il riflettore inondò la piattaforma. Ecco il blues, con il suo ritmo languido, monotono, ossessivo.

Tutto ciò si intonava, in fondo, allo spettacolo della natura circostante, alle stelle brillantissime del Tropico, alle languide cadenze del mare, al profumo inebriante che esalava dal giardino.

Ma il ballo divenne molto meno attraente, quando ai tre neri cominciarono ad aggiungersi, là sulla lucida pista, gli uomini in nero e le rispettive dame. Proprio queste ultime che prima, immobili e luccicanti di gioielli ai loro tavolini, mi erano parse delle regine, cominciavano ora a scomporsi e degradarsi nel frenetico ritmo del jazz hot, del mambo, della samba.

I balli sudamericani, infatti, che danzati da ballerini di professione, anche se apparentemente anarchici ed eccessivi, hanno in fondo una loro rigorosa disciplina di movimenti, determinano invece nei dilettanti le pose più disgustose e sguaiate. Così che il mio occhio si fissava con maggior piacere sui tre neri che, in un angolo della pista, sembravano far scuola.

Francisco sembrava esser stato morso dalla tarantola.

— Se desiderate ballare — gli dissi impietosita — non fate complimenti. Vi aspetterò qui.

— Davvero, non vi incollerite se vado a fare un giro?

— Ma no, resterò qui ad ammirarvi.

— Non volete provare anche voi, almeno un pochino?

— No, davvero, Francisco — fui categorica su questo punto.

Arcangelo Galante

Non temevo affatto di rimanere sola; i tavolini ora erano semide-serti, mentre sulla pista si mescolava e rimescolava una grande folla.

Ma era destino che non potessi rimanere quieta: mister Cooper, serpeggiando tra i tavolini, puntava decisamente su di me, non troppo fermo sulle gambe, a quanto mi parve.

— Halloo, signorina! Vi ricordate di me?

— Certamente, come state mister Cooper?

— Permettete che segga qui vicino? Io non ballo. Sono piuttosto massiccio e temo che assomiglierei ad un orso, lassù.

Il suo volto era roseo, largo e fresco e, benché egli dovesse avere oltrepassata da un pezzo la trentina, manteneva un aspetto giovanile che suscitava una certa simpatia.

Adocchiata la bottiglia di vecchio Porto lasciata a metà da Franci-sco, se ne versò senza complimenti un bicchiere:

— E così, come andiamo, signorina?

— Alludete alla « Meseta »? — Egli fece un largo gesto:

— Oh, lasciate stare quella faccenda. Chiedevo così, in generale. Mi siete molto simpatica perché assomigliate alle ragazze del mio paese, del Kansas voglio dire. Bene, là in qualche fattoria di campa-gna, ci sono ancora delle ragazze così: belle, sane e non dipinte. Voi siete un fiore, in mezzo alle donne di questa sala.

— Mister Cooper, sono tutti galanti come voi quelli del Kansas? Quasi quasi state dando dei punti a Francisco.

— Francisco? Quel brasiliano che era con voi? Osservatelo lassù, sulla pedana: che effetto vi fa?

Evitai di guardare, perché Francisco mi era già disgustoso e inten-devo risparmiarmi, almeno, gli effetti più o meno estetici della sua danza. In quel momento, però, la batteria taceva e la sola orchestra at-taccava un ritmo lento, una semplice, dolce melodia.

— Toh! — esclamò Cooper, versandosi il resto di quella sfortu-nata bottiglia — questa musica mi piace: « Ricordo la tua bocca rossa » sì, è proprio una canzone del mio paese.

— La cantano dappertutto, la conosco anch'io.

— Davvero? Ma voi, signorina, avete realmente la bocca rossa, dolce e fresca come un fiore...

Lo guardai allarmata: mister Cooper si dondolava pian piano sul ritmo di quella canzone ed aveva gli occhi azzurri annegati in un mare di lacrime. Lo giudicai subito un po' brillo.

— Vi prego, mister Cooper, avete bevuto troppo. Non ci voleva davvero, quest'ultima mezza bottiglia di Porto!

Egli non se ne diede per inteso.

— Andiamo via da questo paese infame — belava tutto commosso — con questo caldo, si sta troppo male. Sposiamoci e andiamo nel Kansas. Laggiù ho una casetta sul fiume. Potremmo partire fra un'ora...

— Signor Cooper! — lo richiamai con aria severa. Ma egli, tutto preso dal suo sentimentalismo un po' ebete, non se ne accorse neppure. In quel mentre passava, sgonnellando nelle ampie vesti multicolori, la fioraia del locale.

— Ragazza! — chiamò Cooper e la donna, una mulatta dai grandi occhi neri, anelloni d'oro alle orecchie e bocca carnosa come i suoi fiori, accorse:

— Eccomi, signore. Guardi: questo garofano è il più bello, splende come gli occhi della signorina...

— Li voglio tutti!

La mulatta, indifferente, rovesciò i fiori sul tavolo e colse al volo la grossa banconota che Cooper le porgeva.

— Non ho il resto da darle, signore — disse con un furbo lampo negli occhi e, al largo gesto dell'americano, fuggì via cantando.

— Siete pazzo, Cooper? — intervenni, ma prima che avessi potuto reagire egli aveva raccolto le profumate corolle e, alzatele, le sfogliò sul mio capo, piangendo di tenerezza. Era decisamente ubriaco. L'ultimo bicchiere gli era proprio andato alla testa.

In quel mentre udii, dietro di me, un fruscio tra le piante. Mi volsi di scatto. Oltre le fronde verdi, era il buio della terrazza; qualche ramo vibrava ancora. Chi c'era, chi ci aveva spiato?

Innervosita, balzai in piedi e scostai le fronde. Nel tratto deserto della terrazza qualcuno si allontanava rapidamente. Lo vidi varcare, più avanti, la soglia illuminata della sala: era Patrick!

Si, proprio Patrick, che mi aveva sorpresa nell'involontaria ridicola scena con mister Cooper! Quest'ultimo, frattanto, perso ogni controllo, continuava sempre a piangere, la testa sulla tovaglia del tavolino, in preda ad una patetica commozione.

Raccogliendo con una mano l'ampia gonna, per essere meno impacciata, corsi là dove Patrick era sparito, ma sulla soglia della sala mi arrestai interdetta. I tavoli da gioco erano gremiti: qualcuno si voltò, ma invano cercai il noto viso. Un cameriere, avvertendo la mia incertezza, mi venne incontro.

— Desidera qualcosa, signorina? Gettoni, forse:

— No, non desidero giocare. Però, sentite: forse lo conoscete. Cerco un abituale frequentatore di questo locale, il signor Patrick...

— Oh si, lo conosco. E' proprio uscito or ora di qui e mi è sembrato che il signore avesse fretta. Vuole che provi a cercarlo? Potrebbe essere salito alla sala superiore.

— Grazie, mi fareste un vero favore.

Nell'attesa, girellai incuriosita tra i tavoli, osservando le prodezze di quei cavalieri del tappeto verde. Tra l'altro, ebbi occasione di vedere in azione, proprio quella donnina dal viso di bambola, di cui Francisco mi aveva parlato. Essa stava allora ritirando una vincita allo « Chemin de Fer » e le sue mani, dalle rosse adunche unghie, nella nervosa presa di possesso, formavano davvero uno strano contrasto col volto, che sembrava creato soltanto per le dolcezze dell'amore.

Ritornai sui miei passi e, giunta sulla terrazza, dovetti mio malgrado sorridere della scenetta che accadeva al tavolino, tra Francisco sceso allora dalla pedana e giustamente indignato di trovare uno sconosciuto ubriaco seduto al suo posto, e mister Cooper, fermamente deciso a non muoversi.

— Trattenetemi o lo faccio fuori! — gridava Francisco. — Come si permette costui? E poi, mi sembra matto, sta mangiando dei fiori...

— Non li mangio — farfugliò mister Cooper   — li bacio soltanto, perché hanno sfiorato la testa della signorina!

— Mentitore! — urlò Francisco. — Via di qui.

La scenetta stava diventando decisamente tragicomica e già aveva richiamato l'attenzione di diverse persone, ben contente dello spettacolo fuori programma, quando arrivò di corsa un maître, col viso improntato ad una fine diplomazia:

— Signori, non è il caso! Lei, mister, certo per svista, si è seduto effettivamente al posto del signor Pereira. Non vorrebbe alzarsi, per favore?

Cooper, però, con la testardaggine degli ubriachi, rispose che stava bene dove si trovava e che provassero a smuoverlo.

— Ora lo catapulto io! — gridò nuovamente Francisco, gonfiandosi tutto, poiché lo stavo a guardare. Il sangue ardente dei suoi avi gli ribolliva nelle vene ed egli arricciava fieramente le virgolette del labbro. Il maître però, senza badargli, si chinò su Cooper, parlandogli dolcemente all'orecchio, come ad un bambino capriccioso:

— Lei non danza, vero? Ebbene, non vorrebbe passar di là, per una piccola partita? Desidera che le procuri un partner, signore?

Cooper parve punto da un aspide.

— Giocare? No, di certo. Anche ieri sera mi hanno pelato. Colpa di quel tedesco, o danese che sia, quel medesimo che mi aveva precedentemente battuto in velocità. Oh, so ben io che cosa mi ha soffiato, ad occidente di Aracajù!

Allibii: ancora Patrick! Fortunatamente l'americano non continuò; sarebbe stato davvero tragico che egli si fosse lasciato andare ad ulteriori confidenze pubbliche, magari facendo anche il mio nome.

— Certo, signore, certo — continuava dolcemente il maître, assecondando l'ostinato Cooper perché si decidesse ad alzarsi. La cosa però stava fortunatamente prendendo una piega imprevista: Francisco che, tra parentesi, non era neanche lui in condizioni normali, aveva subito cambiato espressione nell'udire l'ultima frase piagnucolata da Cooper.

— Davvero? — gli chiese con improvvisa solidarietà. — Patrick ha pelato anche voi?

— Sì! Poi ha voluto che uscissi con lui, e si è messo a distribuire i miei sudati dollari agli accattoni che incontrava.

Le due vittime di Patrick si erano rappacificate. Il maître respirò con visibile sollievo.

— Posso mandare un mazzo di carte — suggerì discretamente. — Una partita con lei, signorina o... debbo cercare qualcun'altro?

— No. Per conto mio rinuncio — mi affrettai a rispondere. Proprio in quel mentre avevo visto arrivare il cameriere che si era offerto di cercare Patrick e gli andai incontro piena di speranza.

— Mi dispiace, signorina — mi annunciò invece — ma il signore ricercato è uscito poco fa dal locale e dubito che ormai, data l'ora tarda, ritorni ancora qui. Posso servirla ancora, signorina?

— Pare che quel signore abbia una fortuna indiavolata al gioco, vero?

Il cameriere sorrise:

— Una fortuna eccezionale, signorina. — Era un giovanotto dall'aria aperta ed onesta, e qualcosa nella sua voce mi colpì:

— Sareste italiano, per caso? — Il suo volto si illuminò:

— Si, signorina, e anche lei, vero? Sapesse quanti connazionali passano qui, ma quasi sempre non ci si riconosce. Il Brasile ci assimila, a poco a poco.

« Benissimo » pensai « tra compatrioti ci si intende meglio! ».

— Sentite — proseguii — io m'interesso di quel Patrick, perché è molto ammalato.

— Lo so. Egli viene qui per stordirsi, ma ciò gli abbrevia la vita. Alcune sere fa è svenuto, ed anzi fui io a soccorrerlo. Debbo forse riferirgli qualcosa da parte sua, signorina?

— Se verrà ancora qui, ditegli che la signorina Rossella aspetta almeno una sua telefonata. Vi ricorderete?

— Domani sera egli lo saprà senz'altro, signorina.

— Ah, un'altra cosa — aggiunsi, adocchiando il tavolo dove, riconciliati, Cooper e Francisco erano ormai immersi in un'amichevole conversazione, dividendosi fraternamente un'altra bottiglia. — Se quei signori mi cercano, ditegli, per favore, che mi sentivo poco bene e sono quindi ritornata a casa.

Infatti, che altro mi rimaneva da fare in quel ritrovo mondano?

— Fa bene, signorina, a svignarsela — approvò il cameriere, scortandomi al guardaroba — qui, da mezzanotte all'alba, succedono spesso scene, direi, poco edificanti. Lei non è il tipo per un locale di questo genere, si vede subito!

CAPITOLO 6

Un pomeriggio di afa e di lavoro, interrotto dal frequente trillo del telefono. Malgrado l'efficiente impianto di ventilazione, in ufficio si sudava parecchio e le mie mani si appiccicavano ai fogli delle pratiche. Al di là della porta a vetri, risuonava monotona la voce di Pereira, impegnato con il dottor Carvalho in una discussione scientifica.

Il dottor Emanuel Carvalho mi era stato sempre, a dire il vero, poco simpatico: « Il tacchinotto », lo aveva soprannominato la caustica Suzanne, ed il nomignolo gli calzava a pennello. Sui quarant'anni, di media statura e leggermente panciuto, egli appariva infatti sempre molto compreso di se stesso. Un bravo medico, peraltro, che un giorno, come si sussurrava, avrebbe certamente raccolto la successione di Pereira. Forse anche per questo, egli era un accanito avversario della dottoressa Janssen, la sua più temibile concorrente, e non sapeva nascondere il dispetto per la rapida ascesa di quella intelligente donna ad un posto di comando.

Mentre la conversazione continuava, il telefono trillò un'altra volta. Ritenevo di dover rispondere ad una delle solite comunicazioni d'ufficio, quando, con lieta sorpresa, intesi invece all'altro capo del filo una ben nota voce:

— Buongiorno, Rossella, disturbo forse?

— Oh, salve, Patrick! No, non disturbate affatto. Pereira sta discutendo nel suo studio ed io sono del tutto libera in questo momento.

— Ebbene, avete ancora desiderio di vedermi?

— Certamente, leprotto che non siete altro. Volete dunque che io comprometta la mia reputazione, per inseguirvi in tutti i ritrovi notturni della città?

Egli tacque un attimo, poi riprese con una intonazione di tristezza:

— Sapete, Rossella, ormai mi sembra di essere nient'altro che un fantasma...

— Specialmente — interruppi spietatamente — quando vi nascondete dietro le piante ornamentali a spiare la gente ignara! Parliamo piuttosto di cose serie: che avete da dirmi?

— Ecco, vi spiacerebbe se vi invitassi, per questa sera, ad una piccola gita ad Olinda... lungo il mare? Adesso sono le cinque, potrei venire fra mezz'ora a prendervi.

— E' una buona idea, Patrick. Da tempo, anzi, desideravo rivedere quella meravigliosa spiaggia che, per tanti aspetti, assomiglia un po' alla Riviera Ligure. Dunque, vi attendo. Ora vi lascio perché di là stanno muovendosi. Arrivederci fra breve!

Con esultanza deposi la cornetta: se riuscivo a riagganciare Patrick, l'avrei certamente convinto a farsi ricoverare nella clinica. Anzi, in tale previsione, ritenni opportuno avvertire subito Suzanne. Lasciai uscire Pereira e Carvalho, poi combinai senz'altro il numero telefonico della dottoressa.

Ella fu ben lieta della notizia, che però parve interessarla soltanto da un punto di vista strettamente scientifico.

— Speriamo che acconsenta ad entrare subito, perché ci occorrerebbe proprio di studiare un caso come il suo. Ma, dimmi, invece di pensare a curarsi, che cosa fa egli attualmente?

— Oh, nulla di importante. Sembra che si diletti a spogliare al gioco i figli di papà, come è capitato a Francisco Pereira. — E le raccontai quanto sapevo ai riguardo.

Le prodezze di Patrick fecero ridere Suzanne:

— Sono contenta che abbia pelato a dovere quello scioccone di Francisco. Quando conti di rivedere Patrick?

— Fra mezz'ora. Mi ha proposto una breve gita ad Olinda.

— Bene, e se per caso voleste incontrarmi questa sera stessa, potrete trovarmi al « Rosenthal » dove, terminato il mio lavoro, vado spesso a fare una nuotatina igienica. Generalmente, vi consumo anche la cena, trattenendomi fino alle ventuno.

— Ti ringrazio Suzanne. Se potrai parlargli, sono sicura che lo convincerai con maggiore autorità della mia a curarsi.

Lei rise allegramente:

— Oh, non sarò certo io a convincerlo, credimi. Egli mi vede come il fumo negli occhi. Noi due siamo troppo simili, d'indole e di razza, perciò ci respingiamo a vicenda, quasi per legge di natura. Ciao, cara!

Senza dare troppo peso alle affermazioni della Janssen, contrastanti con la stretta amicizia esistente un tempo fra i due connazionali, mi diedi da fare per prepararmi.

Dopo una giornata di lavoro trascorsa nella grande calura, tutti i pori del viso sembrano spalancarsi per chiedere un po' di frescura. Li accontentai con una buona aspersione di acqua fredda e quindi mi tolsi il grembiule bianco, rimirandomi soddisfatta allo specchio.

« Come sei stupida, Rossella » dovetti però ammonirmi « perché inalberi quel viso così lieto e sorridente? Te ne pare proprio il caso, date le circostanze? ».

Patrick aveva mantenuto la promessa e mi aspettava, a bordo di una vetturetta scoperta color giallo limone, all'ombra delle palme.

Vedendomi uscire dal grande portale bianco, balzò dal sedile e mi venne incontro con il suo solito sorriso, velato d'amarezza.

— Non vi trovo male — gli dissi. Egli non rispose ma mi aiutò a salire, ponendosi poi al volante:

— Ad Olinda, allora?

— Si, come avevamo stabilito. Se sapeste che piacere mi procurate, conducendomi verso il mare! Oggi è stata una giornata tremendamente soffocante, in ufficio.

— Povera Rossella — esclamò Patrick — una donna come voi non dovrebbe lavorare per vivere.

— Restiamo nella realtà, Patrick!

— A proposito — proseguì egli, sbirciandomi con un risolino un po' ironico — Sapete che mi ha fatto un certo effetto, trovarvi là alla « Copa d'Azul »?

— Parlate chiaramente: che effetto vi ho fatto?

— Così... poco bello.

Indignata, mi eressi fieramente:

— Dunque mi biasimate perché mi avete visto, una volta sola e per un'ora soltanto, in quel ritrovo notturno. Che cosa dovrei dire io, allora, dacché ho saputo che ne siete abituale frequentatore?

— Io... io sono un uomo — cercò di giustificarsi Patrick, assumendo l'aria compunta di un ragazzo ingiustamente rimproverato:

— Si, lo so — aggiunsi sempre severa — lo fate per dimenticare, dite voi, ma non è una buona scusa, questa. Un vero uomo lotta fino all'ultimo contro le avversità e non finge di ignorarle.

Patrick guidava ora in silenzio, Verso sera il traffico di Recife diventa caotico: macchine e macchine, d'ogni marca e tipo, fuggono la calura dell'asfalto, correndo veloci verso le spiagge rinfrescate dai venti, verso le ville innumerevoli che si annidano nel verde dei dintorni, fino ad Olinda.

Il lungomare è certamente meno pittoresco della nostra Riviera, ma più ricco di lussureggiante vegetazione. Le palme si inclinano fino sull'acqua del mare; le rocce e le spiagge fioriscono di enormi cespi d'ogni colore e laggiù all'orizzonte passano lente le vele bianche delle piccole imbarcazioni locali, come a segnare il trascorrere di un tempo felice.

Se non vi lasciate prendere dal demone della velocità, sulla liscia strada asfaltata, potete scorgere, passando, misteriosi recessi, incorniciati di aiuole, statue, fontane e da irte geometrie di cactus che, pur nel loro naturale rigoglio, rivelano le cure di un solerte giardiniere.

Non si direbbe che, alle spalle delle ville moderne e lussuose, non molto lontano, ancora vive ed alita la foresta vergine, con il suo incanto millenario. Talvolta un soffio di essa arriva sul nastro d'asfalto, portato da un gruppo di poveri indios: l'uomo, la donna, qualche bambino in camiciotto, e l'immancabile pappagallo appollaiato sulla spalla o sull'orlo della gerla di vimini.

Poco prima di Olinda, su di un promontorio roccioso proteso sul mare, esiste una antica chiesa, vestigia della dominazione portoghese, dedicata alla SS. Vergine dei marinai. Ne avevo sentito parlare e, desiderando visitarla, pregai Patrick di condurmi, anche per dare una meta spirituale alla nostra passeggiata.

Presto un'indicazione stradale ci fece deviare in una stradicciola molto accidentata, che andava inerpicandosi sullo sperone roccioso. Lassù, tra cespugli di spinose rose selvatiche e di lentischi, tra voli argentei di gabbiani, si stagliava nel cielo azzurro la veneranda chiesa, ancora protesa a vegliare le bianche vele dei pescatori, sparse sulle onde.

L'ultimo tratto della salita, però, una scaletta scavata nel vivo della roccia e corrosa dal tempo e dalla salsedine, occorreva proprio percorrerla a piedi. No, non si poteva, fortunatamente, arrivare fino alla chiesa con i fragorosi mezzi moderni, ma bisognava salirvi in silenzioso raccoglimento, come avevano fatto trecento anni prima i suoi fondatori: i marinai che la dedicarono alla Vergine del mare, per impetrarne la protezione.

Oh! Vecchia chiesa dalle mura corrose, dal tetto in cui nidificano gli uccelli marini: non siamo forse tutti dei naviganti? Anche noi, come i marinai, non aneliamo ad un porto sicuro, ad un tranquillo approdo nel tempestoso oceano della vita?

Entrammo in chiesa. Per contrasto al luminoso azzurro dell'esterno, le navate sembravano buie. Sovraccariche di ornamenti, secondo il gusto spagnolesco dell'epoca, con troppi intagli e dorature, pareti e volte sembravano aver tuttavia perso ogni parvenza di splendore, sotto la patina degli anni.

Un po' delusi, avanzavamo in silenzio, quand'ecco pararsi davanti a noi, in una nicchia dall'alta cupola, soffusa di bianca luce, la venerata immagine della Vergine. Piegando il ginocchio davanti a Lei, ebbi l'improvvisa sensazione che tutte le sculture, le dorature, gli stucchi, gli intagli, prendessero improvvisamente vita e, scuotendo l'annosa polvere, intonassero un mistico canto di lode alla Purissima.

Ecco il pavimento corroso risuonare ancora dello scalpiccio di migliaia e migliaia di pellegrini, qui convenuti nel lento corso dei secoli, a venerare la Sacra Immagine. Ecco il legno tarlato consumato degli inginocchiatoi e dei confessionali, narrare le umili preghiere di poveri marinai e di celebri capitani. Ecco le navate riecheggiare dei canti di fede delle anime afflitte, dei cuori doloranti.

Soffermandosi davanti agli ex-voto, che circondavano la Vergine, l'impressione di inestinguibile fede diveniva ancora più intensa e penetrante. I doni più antichi erano ormai anneriti o scoloriti dal tempo ma, alzandomi sulla punta dei piedi, qualcosa riuscii ancora a decifrare.

Ecco un quadretto contenente due frecce dalla punta scarlatta: le armi caratteristiche degli indigeni della foresta. Chi sarà stato l'ignoto che, probabilmente scampato ai dardi intrisi di curaro, il terribile veleno, volle ricordare la protezione accordatagli dalla Vergine nel momento del pericolo?

Vicino a questo quadretto, su di un piedestallo di legno, ecco una bacheca di cristallo, contenente un ricco mantello scarlatto, due speroni d'oro e una spada. Mi piacque immaginare un ignoto cavaliere che, attratto a queste terre da sete d'oro e di avventura, trovò invece un'improvvisa chiamata ultraterrena che lo condusse alla conversione, inducendolo a deporre ai piedi della Vergine le insegne del comando.

E tu chi fosti, sconosciuto marinaio, che scolpisti il piccolo galeone di legno? Una targa brilla ancora, scritta in portoghese: « Luiz Medeiros nostromo della goletta Sao Joao, per grazia ricevuta durante la tempesta del 3 aprile 1680 ».

E questa cos'è? Una rozza statuetta di fattura indigena, ingenuo ringraziamento, forse, di un'anima svincolatasi dall'idolatria. Ed ancora nomi, figure di sconosciuti che balzano dalla polvere del tempo: marinai, soldati, nobili, contadini, indigeni, accomunati dal medesimo grido d'amore a Colei che fu loro Madre indulgente e misericordiosa.

Alzai gli occhi sul simulacro della Vergine. I raggi solari, entrando in fascio dalla finestrella di fronte, raggiungevano ora il suo viso trasfigurandone quasi i dolci lineamenti: il suo sorriso era tutta luce!

Ella appariva veramente, in quell'istante, Colei in nome della quale i lenti galeoni avevano spiegato le vele, partendo dalla vecchia Europa, Colei in nome della quale i rudi uomini d'arme avevano, piegando il ginocchio, preso possesso del favoloso nuovo continente!

Quando uscimmo, il sole al tramonto ebbe ancora il potere di abbacinarci per qualche istante. Ci appoggiammo al parapetto di pietra: sotto, ai piedi del gran salto di roccia, il mare giocava capricciosamente orlato di schiuma, mentre più avanti si stendeva calmo in ampie indolenti onde verdi azzurre e più in là ancora si perdeva nella foschia dell'orizzonte, fatta di pulviscolo d'oro.

Il panorama era grandioso, ma quasi non me ne accorgevo nella perdurante esaltazione di quella vita soprannaturale, di quel soffio di mistero che mi aveva sfiorato tra le navate della chiesa. Anche Patrick, più pallido del consueto, appariva pensoso. Ruppe poco dopo il silenzio con una affermazione inaspettata:

— Rossella — mormorò — io ho sempre creduto poco. Però, sarei contento se, dopo morto, ci fosse qualcuno che... pregasse per me!

Un grido mi venne irresistibile dal cuore:

— Ma io voglio che viviate, Patrick!

— Anch'io lo vorrei, ora!

— Perché... ora?

— Non saprei forse spiegarvelo. Vedete, prima vivevo così, senza troppe riflessioni. Ricordavo, sì, la nonna e la mamma che pregavano, ma mi sembrava cosa da donnette, non ci pensavo e basta. Poi, è venuta la malattia e la tremenda rivelazione. Mi ero però rassegnato. Prima o poi, mi dicevo, la morte è retaggio di tutti: se bevo e gioco per distrarmi, pensavo, essa verrà senza che me ne accorga. Ma poi... vi ho incontrata; la vita mi è apparsa ancora desiderabile ed ho sentito la disperazione di perdervi. Sapeste la mia sofferenza là, alla « Copa d'Azul », nel vedervi vicina a quel Francisco, a quel Cooper, mentre una voce mi diceva... mai più, mai più!

Patrick tacque un attimo. Il cuore mi batteva ed un nodo mi stringeva la gola.

— Ma quello che più mi tormenta non è il fatto di dover rinunciare all'amore. E' come se qualcuno mi sbarrasse la via dicendomi: « Tu volevi sfuggirmi, ma Io ci sono! ». Ora comprendo tutta la vanità della mia vita passata, della mia stupida vita. Troppo tardi però, ormai per me... è finita!

La sua voce si spense in un gemito, contenuto a malapena.

— Patrick — esclamai con tutto il calore che mi permetteva la commozione. — Non è finito tutto, né in un senso né nell'altro! Quegli ex-voto, accanto alla Madonna, sono appunto la testimonianza d'un intervento miracoloso, d'un aiuto arrivato dall'alto, quando tutto sembrava perduto. Quanto alla vostra vita passata... ebbene essa non è stata del tutto inutile, se ora provate il desiderio di meglio impiegarla in avvenire. Vuol dire che il Salvatore vi è vicino e fa sentire la sua presenza. Abbandonatevi a Lui, Patrick!

In silenzio, ci avviammo alla discesa. Un sentimento indefinibile aleggiava nel nostro pensiero quando, improvvisamente, apparve davanti ai nostri occhi qualcosa che ne rivelò meglio l'essenza.

Avevamo infatti percorso appena pochi metri allorché, alla svolta della scaletta, uno spettacolo commovente ci si parò davanti, una dimostrazione dell'intensa fede che ancora anima i popoli latini.

Una vecchia donna, dal viso rugoso e cotto dal sole, forse una madre di pescatori, chiusa in un severo abito nero, scialle in capo, saliva pregando la scalinata. Ma non già camminando come avevamo fatto noi, bensì superando faticosamente gradino per gradino, con le sue povere deboli ginocchia.

Arcangelo Galante

Mentre ci facevamo da parte per lasciarla passare, essa non ci rivolse uno sguardo, né minimamente si distrasse, assorta nella sua dolorosa e fervida preghiera, nel suo muto colloquio con Dio.

Il passaggio silenzioso di quella donna, mi aveva vivamente impressionata. Fu Patrick a rompere il silenzio:

— Non vi sembra fanatismo, questo?

— No, può forse apparirci tale, perché la vita moderna ci rende indifferenti e tiepidi, ma per la Regina del Cielo nessun atto di fede è eccessivo. Quella donna implora certamente una grazia e nulla trova di meglio da offrire che la propria sofferenza fisica, per rendere più accetta la preghiera a Dio.

— Voi lo fareste?

La domanda mi prese alla sprovvista. Già, tanti bei pensieri e tante belle frasi ma, praticamente, avrei io la pura fede, la totale dedizione spirituale e materiale di quella popolana?

Quante considerazioni potevano nascere dalla nostra visita all'antica chiesa dei marinai! In pensoso silenzio arrivammo ai piedi della scaletta, là proprio dove fioriva un cespo enorme di rose selvatiche. Un bocciolo peloso, irto di spine, si protendeva fin sulla strada e in esso, passando, s'impigliò la mia leggera gonna.

— Si direbbe che questi fiori non vogliano lasciarvi partire — scherzò Patrick.

Spiccai la cima di quel ramo:

— Lo conserverò a ricordo di questa visita. In questo paese, dove i fiori sono così carnosi ed opulenti, mi piace l'aspra scontrosità di queste roselline selvatiche.

Nell'aprire la borsetta, per deporvi il rametto fiorito, un foglietto cadde a terra. Patrick lo raccolse e, mentre lo riprendevo in mano, riconobbi l'annotazione fatta alla « Meseta »: Eleonora Crivelli..., la zia ricercata dall'operaio. Se il caso non avesse rimosso il foglietto dal fondo della borsetta, forse me ne sarei dimenticata. Mi proposi perciò di tenerlo presente, per iniziare subito le ricerche.

Risalimmo in macchina, con una punta di nostalgia verso quel mistico recesso, così lontano dal mondo, così vicino alla Verità ed alla pace.

Mentre l'auto correva sul lucido asfalto, sotto la calma luce del tramonto, arrivava a noi l'acuto odore dei boschi, imbalsamando l'aria.

Ad un boschetto di aranci, pregai Patrick di sostare per un momento, ed affrontai decisamente l'argomento che più mi stava a cuore:

— Patrick, ho parlato a Suzanne del vostro caso. — Egli fece una smorfia:

— Avete spiattellato le mie faccende a quella Walchiria in camice bianco?

— Si, ma non dovete esser così prevenuto contro una vecchia amica vostra. A Rio eravate sempre insieme: dove è dunque andata a finire tutta l'intimità di quel tempo?

Patrick lasciò cadere la domanda.

— Comunque — proseguii — Suzanne c'entra fino ad un certo punto. In primo piano c'è tutta l'organizzazione medico-chirurgica della clinica Vasco da Gama, dotata di mezzi modernissimi. Non vorreste tentare, se non altro per... farmi una cosa gradita?

Egli mi fissò con i suoi occhi azzurri:

— E... cosa dovrei fare?

— Entrare subito in clinica, domattina stessa. Suzanne penserà a tutte le formalità. Voi lo sapete che il tempo è prezioso e già ne avete perso troppo, gironzolando senza uno scopo. Anzi, se non vi spiace, faremo una corsa alla piscina, dove stasera Suzanne rimarrà anche a cena e così potrete rinverdire la vostra antica amicizia.

— Non mi metterà subito sul tavolo anatomico, speriamo, non mi sezionerà? — domandò scherzosamente Patrick, e ciò mi parve un buon segno della sua accondiscendenza.

— Sezionarvi al « Rosenthal »? Suzanne ci inviterà anzi a pranzo e sarà già un vantaggio.

Poco dopo, destreggiandoci tra l'intenso traffico del tardo pomeriggio di Recife, arrivammo davanti al grande edificio rotondo, ad un solo piano, del « Rosenthal »: ristorante, dancing, piscina.

Se doveste girare un film in technicolor, trovereste facilmente, in tutte le città brasiliane, tranne forse la commerciale e piuttosto arida San Paulo, una grande scelta di adattissimi scenari. Fra i migliori, la piscina del « Rosenthal ».

Un grande bacino di acqua verde, dal fondo a piastrelle azzurre, circondato da fiori meravigliosi e da piante nane delle qualità più rare, coltivate in vasi disposti sopra un soffice tappeto di sabbia gialla.

Enormi cespi di cactus, sparsi qua e là, completavano la decorazione con una nota di strana, esotica bellezza.

Per difesa contro gli improvvisi acquazzoni estivi, girava tutto intorno al bacino, una galleria dalle tende a vivaci colori e dall'arredamento piacevolmente confortevole. Scesa la sera, su parte della piscina scivolava una piattaforma di cristallo, l'acqua si illuminava di mille riflessi e, fra trasparenze e giochi di luce, si cenava e si danzava.

Suzanne aveva appena finito di vestirsi ed usciva dalla propria cabina, quando riuscimmo a scoprirla tra la folla. Ci salutò con effusione e con Patrick fu di quella cordialità che si usa tra vecchi amici:

— Caro Patrick, siete sempre quell'ostinato caparbio di una volta?

— Modestamente sì — rispose lui — ma non cominciate subito a compilare la mia cartella clinica!

— E, quanto ad appetito, come state? Vi andrebbe una semplice cenetta, qui sulla piattaforma? — E, senza attendere una risposta, essa ci guidò tra i tavolini. Mentre passava, parecchi signori seduti a cena, si voltavano ammirati della sua semplice, ma statuaria bellezza.

Suzanne, infatti, pur senza ombra di trucco e senza complicate toelette, era meravigliosa. Vestiva un semplice abito nero che le faceva risaltare la bianca luminosità della pelle, leggermente arrossata dal bagno, e lo splendore dei capelli biondo chiaro. Modellata come una statua greca, essa riuniva in sé bellezza, intelligenza e vigore sportivo.

Vidi gli occhi di Patrick scrutarla, mentre si chinava ad accenderle una sigaretta, e ne provai una specie di gelosia, subito repressa. Sulle dita di Suzanne, mentre portava, la sigaretta alle labbra, scintillò un magnifico zaffiro.

— Ne avete fatta di strada — le diceva intanto Patrick. — Però, io l'avevo prevista, la vostra carriera, se ben ricordate. Voi Suzanne, avevo profetato, passerete, occorrendo, su tutto e su tutti, pur di arrivare alla meta.

Essa posò le sue pupille fredde sul giovanotto e sorrise lievemente al complimento, se pure si poteva ritenerlo tale.

— Non ho ancora incontrato nulla, nella vita, per cui valesse la pena di fermarsi.

Patrick aspirò il fumo della sigaretta con studiata lentezza, ma sul suo viso era apparsa un'espressione più amara del solito. Mi sentii piuttosto imbarazzata: a che cosa alludeva Patrick, accennando ad un certo egoistico arrivismo della Janssen? E cosa era passato, tra loro due, a Rio?

Invano cercai di indovinarlo; ambedue nascondevano abilmente i loro sentimenti sotto una vernice di apparente cordialità.

— Del resto — continuò Suzanne — ritengo di non aver forse ancora raggiunto il mio posto definitivo. Una volta che a Pereira succedesse il dottor Carvalho, non rimarrei in clinica un giorno di più.

— Ad ogni modo — aggiunsi io — lasciatemi dire che ritrovarci tutti e tre nella medesima città, è davvero un piacevole caso.

Avrei voluto aggiungere che, più del caso, intravvedevo un misterioso perché, che ancora non potevo discernere ma che, forse, lo sentivo, si sarebbe infine svelato. Non dissi però nulla di questo, temendo la gelida ironia di Suzanne, sprezzante di ogni concezione spirituale della vita.

— Già, dopo tanti anni che ci eravamo persi di vista... quanti? — si domandava intanto la Janssen. — Forse è meglio non farne il conto, mi sento vecchia.

— Vecchia? — esclamai sorridendo. — Spero che avrai notato la scia di ammirazione che ti lasci dietro.

— No, mia cara. Tu, puoi cantare vittoria; tu, che eri la ragazzina della compagnia, ed effettivamente sei più giovane di noi. Io, invece, forse per il continuo contatto con gli ammalati, mi sento talvolta lo spirito stanco.

— Infine, son passati appena sei anni. Io ne avevo diciotto, voi due ne avevate allora venticinque: non siete poi così decrepiti!

— Non divulgate i nostri dati anagrafici — mi rimproverò scherzosamente Patrick, poiché avevo parlato ad alta voce.

— Per conto mio, non nutro debolezze di questo genere — intervenne Suzanne. — Ma, ditemi, Patrick, come siete capitato in questa città?

— Ma... così. A Rio avevo avviato buoni affari, ma dopo l'insorgere del male non volli più rimanervi. Troppi ricordi d'un tempo felice... Con la mia vetturetta, il macinino che ho qui fuori, cominciai a risalire la costa: Bahia non mi piacque, troppo silenziosa e placida.

Mi son trovato bene invece qui a Recife, ma ignoravo, naturalmente, che dimoraste ambedue costì.

— Se l'aveste saputo non vi sareste forse fermato, vero? — chiese Suzanne in tono leggermente beffardo. — Almeno per quanto riguarda la mia persona, s'intende.

— Già, non prevedevo certo di dover cadere, un giorno, fra le gelide mani della dottoressa Janssen!

Guardai Patrick con viva gioia: dunque acconsentiva!

Il volto di Suzanne aveva subito preso un'espressione professionale ed i suoi occhi scrutarono freddi il pallido e magro volto del nostro compagno. Patrick, sotto quello sguardo indagatore, parve raggomitolarsi su se stesso.

— Ad ogni modo — aggiunse Suzanne — se avete delle prevenzioni, come il mio caro collega dottor Carvalho, contro i medici in gonnella, tranquillizzatevi, ci saranno altri medici al mio fianco, a tutela della vostra preziosissima vita.

La cena volgeva al termine. Alcuni artisti di varietà si alternavano sul trampolino dei tuffi, trasformato in aereo podio coperto di fiori. Diversi commensali avevano acquistato delle collane formate da corolle intrecciate e se le erano appese al collo, alla moda hawaiana.

Altri, malgrado l'ora tarda, si tuffavano laggiù, nella parte di piscina rimasta scoperta, sollevando miriadi di spruzzi multicolori.

Dallo scenario, solcato dalle lievi onde della musica, la mia attenzione si rivolse a Patrick. Chiuso in se stesso, il suo occhio era di un'infinita tristezza, quasi vitreo; toccandogli una mano, la sentii fredda, gelata.

— Patrick — gli chiesi allarmata — vi sentite forse male?

Egli scosse il capo, ringraziandomi con un mezzo sorriso di riconoscenza.

Ebbi un brivido. Tutto, intorno a noi, era gioia, o almeno apparenza di gioia, di benessere e di bellezza, nelle più raffinate espressioni, ma questo non impediva che il soffio di un mondo arcano e soprannaturale, giungesse al mio animo. E tutto lo splendido scenario circostante mi parve, improvvisamente divenuto di miserabile cartone, come sul palcoscenico di un teatro...

CAPITOLO 7

Eleonora Crivelli abitava a Santa Amaro. Così almeno ero riuscita ad apprendere dopo varie ricerche ma, data l'imprecisione delle notizie, avevo deciso, una domenica mattina, di recarmi personalmente a controllare.

Santa Amaro era un rione della vecchia città sul quale, per la vicinanza del porto, aleggiava quell'aria vagamente equivoca che spesso caratterizza i quartieri portuali.

Cominciai a sentirmi un po' a disagio, quando dovetti imboccare una viuzza stretta e sporca, tuffandomi nel pittoresco disordine degli agglomerati popolareschi brasiliani: mulatte dipinte, neri, vecchi cenciosi, volti poco raccomandabili che si affacciavano, incuriositi, a certe finestrelle basse recanti ancora l'impronta del vecchio stile iberico coloniale, senza imposte, con i vetri tappezzati di carta. Un panorama ben diverso della Recife moderna: una visione che mi stringeva il cuore e, nel contempo, mi incuteva un certo timore.

Ricordando che alcuni turisti, amanti delle sensazioni forti, usano talvolta addentrarsi in questi quartieri dove, peraltro, abita anche della gente per bene, proseguivo animosamente, rallegrandomi quando incontravo il volto innocente di qualche bambino. E ve n'erano parecchi, piccoli e grassottelli come bambolotti, anneriti dal sole e dalla naturale patina di mulatti, con gli occhi grandi e stupiti.

Finalmente giunsi ad uno spiazzo ombreggiato da due grandi alberi, delimitato ai due lati da un alto casamento popolare e dalla staccionata di un edificio, la cui costruzione aveva tutta l'aria di esser stata da tempo abbandonata.

Nel casamento, secondo le mie informazioni, doveva abitare la Crivelli e domandai perciò maggiori chiarimenti, in proposito, ad una donna che usciva in quel momento dal portone, con una sporta al braccio.

— Eleonora Crivelli... la sarta, intende dire? — mi rispose essa.

— Non so se essa lavori da sarta. Comunque, mi saprebbe indicare dove alloggia?

— Certo, è una mia vicina! Abita lì sopra, vede, al secondo piano, proprio sul ballatoio dove sporgono quei vasi di gerani. Ma ora non è in casa, credo. L'ho vista uscire poco fa con un abito ripiegato sul

---

braccio. Penso che sia andata a provarlo ma, ad ogni modo, non potrà tardare molto. Si segga là, signorina, all'ombra degli alberi; fra poco la vedrà arrivare.

— Mi vorrebbe descrivere la sua fisionomia?

— Ah, non l'ha mai vista? Ecco, è una donna un po' grossa e bionda. Non può sbagliare: la Eleonora è l'unica bionda che abiti qui.

— Sta bene. La ringrazio, signora, delle sue informazioni.

Mi sedetti su alcune travi accatastate, sotto gli alberi, e guardai in giro per ingannare il tempo. La casa dove abitava la Crivelli era un alveare a tre piani, modestissimo, bucherellato da finestre assai piccole con le imposte malconce e pericolanti. Da una specie di buio scantinato, uscivano voci di donna e strilli di bambini, segno che anche là dentro viveva qualcuno.

Appunto da uno di quei tuguri, posti sotto il livello stradale, sbucò in quel momento una ragazzina dall'aria imbronciata. Attraversò la piazzetta camminando indolentemente, con le braccia ciondoloni, e venne a sedersi sull'altro capo della mia trave, dedicandosi a descrivere cerchi nel terriccio con la punta della scarpa.

La osservai: poteva contare circa dodici anni, aveva capelli neri e folti, tagliati corti, ed un corpo magrissimo, per evidente denutrizione. Per strano contrasto essa portava, ancora cosi bambina, un paio di scarpette dal tacco alto e sottile, forse smesse dalla sorella maggiore o di chissà quale provenienza, che essa esibiva con visibile compiacimento.

Doveva aver litigato con la madre, poiché ad un certo punto una grossa donna dal fare volgare e sciatto, con due enormi pendenti alle orecchie, si affacciò al riquadro buio dello scantinato, agitando il pugno e scagliandole un insulto. Udii la bambina brontolare, senza muoversi, e la donna sparì di nuovo nell'interno.

Passò qualche tempo e già stavo meditando di andarmene, quando un episodio attirò la mia attenzione e si impresse indelebile nella mia memoria. Nel silenzio di quel momento, interrotto solo dalle lontane voci degli invisibili abitanti del casamento, udii sotto il portone uno scrocchio di scarpe nuove.

Mi voltai, ed avrei certamente distolto subito lo sguardo con disgusto, se non avessi scorto la bambina alzarsi vivamente. Uno zerbinotto sui trent'anni, azzimato ed impomatato, di quell'eleganza sfacciata propria dei bassifondi sudamericani, usciva, mani in tasca, sigaro pendente dalla bocca. Infilato nella sgargiante cravatta, aveva un brillantino, che luccicò, vivamente al raggio del sole.

Il suo sguardo si posò su di me, con un'aria di abituale, spaccona galanteria ma, dopo una rapida istintiva valutazione, giudicando probabilmente che io appartenevo ad una categoria non di sua competenza, si diresse verso la bambina, con un sorriso che voleva esser dolce, ma che era in realtà soltanto una brutta smorfia.

La bambina gli andò incontro, ciondolando sulle sue scarpette dai tacchi troppo alti, con un tentativo di civetteria che mi fece stringere il cuore.

— Dammi qualche cosa — gli chiese, con il cantilenante gergo del basso ceto. — Ho fame! — La sua voce era stridula, incolore, da adolescente ammalata.

Fame! Oh, se l'avessi saputo! La mano dell'equivoco giovinastro, andò con gesto largo e pomposo al taschino del panciotto e ne tolse alcune monete, che porse alla ragazza.

La bambina le prese avidamente, contandole sul palmo della mano. Il volto del suo... benefattore era orribile, visto alla luce del sole; ancora più repellente quando l'uomo alzò la mano, come per abbozzare una carezza sul volto della fanciulla.

Questa però, con un gesto che mi allargò il cuore, si trasse rapidamente indietro, come per istintiva difesa, mentre l'uomo irrompeva in una risatina stridula e sinistra:

— Siamo scontrosi, eh, bambina?

Ma questo non parve importargliene troppo. Si allontanò fischiettando...

Oh, se fossi stata un uomo, come l'avrei affrontato! Ma questo avrebbe forse mutata la situazione? No, di certo. Avrei voluto davvero augurarmi che non fosse così come pensavo, ma quel: « Ho fame » della bambina e lo spaventoso sorriso di quello zerbinotto, parlavano chiaro.

Già disgustata da quella scena, dovetti tuttavia assistere ad un nuovo episodio, non meno edificante. Si era appena allontanato quel losco individuo quando la madre, il donnone sciatto, che aveva evidentemente spiato la precedente scena, uscì dallo scantinato come un ragno che si getta sulla preda. Con un'agilità insospettata, balzò sulla figlia, strappandole di mano le poche monete.

— Che vuoi farne tu di questi soldi, lazzarona?

La bambina, privata così brutalmente del suo piccolo tesoro, si mise a piangere disperatamente, mentre la madre si ritirava nel suo bugigattolo, con un ultimo sgonnellare della vestaglia a fiori.

Mi frugai nella borsetta.

— Prendi — dissi alla piccola — prendi, questo ti ricompenserà di quanto ti hanno tolto.

Vidi quegli occhi grandi, ancora buoni, ancora tanto puri, spalancarsi su di me:

— Per me... tutto questo denaro!

— Si, ma bada bene, però, di non chiedere più nulla a quell'uomo.

Raccomandazione inutile, però. Se un benefico istinto reagiva già, in quell'acerbo cuoricino, ben altra assistenza ci sarebbe voluta però in avvenire, per difendere la fanciulla dai pericoli che l'insidiavano, priva com'era di una valida protezione materna.

Eleonora Crivelli giungeva in quel momento e la riconobbi subito in una popolana robusta e bionda, che si avvicinava con un abito ripiegato sul braccio.

— La signora Crivelli? — le chiesi in italiano. Essa si fermò, vivamente sorpresa, ed io ravvisai subito sul suo viso l'arguta espressione veneta, mentre il sole le giocava nei capelli biondi, in cui già spiccavano parecchi fili bianchi, riuniti in grossa treccia sulla nuca.

— Oh, chiede proprio di me, signorina? Ha forse bisogno di qualche abito?

— Non precisamente — risposi. — Vengo da parte di suo nipote Marco.

— Oh, che grazia, Maria Vergine! Ma dunque, mio nipote è qui in Brasile? Venga, s'accomodi in casa mia, signorina.

La seguii e, mentre salivamo insieme le scale, la misi al corrente di tutto.

— Suo nipote sarà felice di sapere che lei abita ancora a Recife, e cioè relativamente vicino a lui. Era davvero ansioso di apprendere sue notizie, che poi avrebbe comunicate alla madre, in Italia.

— Già, io non mi sono più fatta viva, ma creda, signorina, che... Le racconterò tutto, ma prima sì accomodi, e scusi la povertà della casa — disse essa, introducendomi in una piccola cucina, piuttosto scura, ma tenuta scrupolosamente pulita e dall'aspetto tipicamente italiano.

Notai le cartoline con le vedute d'Italia, nostalgico ricordo che non manca mai in una casa d'emigrati, messe in bella mostra sulle pareti.

— Vede, signorina — mi disse la Crivelli, dopo avermi, a tutti i costi, offerto un bicchierino di liquore — ho passati tanti guai dopo la morte di mio marito, avvenuta circa cinque anni fa, che non ho mai potuto decidermi a scrivere, laggiù in Italia. Contrariamente a quello che presumevo, partendo dal mio paese, anche qui si può trovare la miseria, specialmente se la voglia di lavorare viene contrastata da una salute non tanto florida, come avvenne nel mio caso.

« Superata però la malattia, ho potuto riprendere il mio antico mestiere di sarta e guadagnarmi cosi da vivere. Ho comperato la macchina da cucire, mi sono creata un po' di clientela, ed ora me la passo discretamente. Fortunatamente l'affitto è poco gravoso, ma è un certo quartiere questo...

Le narrai, in proposito, l'episodio al quale avevo involontariamente assistito.

— Qui, cominciano sempre in questo modo, signorina — mi rispose la Crivelli con un melanconico sorriso. — Le fanciulle sono spesso indifese; al lavoro non vanno ancora e vagano invece per le strade, esposte a tutte le insidie e a tutte le tentazioni. Sono fiori che nascono puri e mondi nel marciume che si annida in queste case, ma resistono poco, e ne rimangono presto ingoiati.

« Sarebbe un'opera meritoria — continuò la Crivelli — dar loro almeno il mezzo di salvarsi e c'è stato infatti chi vi ha pensato. Venga a vedere, signorina.

Precedendomi nell'altra stanza dei suo piccolo alloggio, la Crivelli spalancò la finestra. Essa dava sulla piazza dove io ero rimasta in attesa, e davanti a noi sorgeva appunto quella costruzione abbandonata che avevo già notato al mio arrivo.

— Vede quel cantiere? — mi indicò la Crivelli. — Il parroco della vicina chiesa del Sacro Cuore, aveva già da tempo progettato di costruire qui, nel cuore di Santa Amaro, un edificio destinato proprio alle ragazze del popolo. Un grande e moderno istituto, dove esse potessero considerarsi come in casa propria, trovare un'istruzione professionale ed un'assistenza morale, insieme ad un giusto svago, che le distogliesse dalle pericolose sale da ballo.

« Una casa dove esse potessero anche rifocillarsi, data la miseria qui diffusa, a qualunque ora del giorno e magari della notte, evitando così alle ragazze bisognose di dover ricorrere ad altri mezzi per sfamarsi.

— Ottima idea — dissi ma come mai la costruzione è rimasta interrotta?

— Mancano i mezzi.

— E' mai possibile, in una città prosperosa come questa?

— Pare impossibile, ma è la verità. Il nostro parroco ha costituito un comitato, di cui faccio modestamente parte, ma siamo rimasti senza fondi. Fra i ricchi della città, che non sono qui a vedere, chi vuole che si prenda a cuore la gioventù di Santa Amaro? Pochi davvero, mentre noi, qui, siamo contrastati da altre sette che lavorano a nostro danno, sette che si dicono magari religiose, senza contare l'opposizione di certi partiti politici Costoro, spesso provvisti di mezzi assai più cospicui dei nostri, seminano la confusione ed il disorientamento nella popolazione.

— Creda — concluse la Crivelli — quando mi avviene di passare per i quartieri più eleganti della città e vedo tante frivole ed ingioiellate signore, sdraiate con posa annoiata e stanca sui cuscini delle auto, mi viene proprio da piangere. Sapessero quanto bene potrebbero fare, con qualcuna delle loro gioie o rinunciando magari a qualche divertimento.

« Non basta a giustificare il loro lusso, la circostanza che il denaro speso contribuisce in parte a compensare il lavoro degli umili. Ben diverso e maggiore sarebbe il loro merito, se esse visitassero ogni tanto questo misero quartiere e si curassero di compiere qualche buona azione!

La buona donna aveva parlato con tale fervida convinzione, che ne ero rimasta profondamente commossa. Le assicurai che la sua causa avrebbe avuto, d'ora in poi, anche il mio modesto appoggio e che... chissà: sperasse nella Divina Provvidenza!

Essa volle poi scrivere e consegnarmi una missiva per il nipote, col quale desiderava incontrarsi al più presto, ed infine mi congedai, dopo averle promesso un'altra mia visita.

CAPITOLO 8

L'afa che aveva gravato tutto il giorno sulla città, sboccò nel tardo pomeriggio in un furioso temporale. Stavo proprio allora entrando nella clinica e feci appena in tempo a mettermi al coperto che l'acqua, accompagnata da tuoni e fulmini, precipitò a torrenti. Gli alberi del cortile si piegarono fischiando, le erbe parvero radersi sotto il rullo compressore della massa d'acqua, mentre i padiglioni della « Vasco da Gama » scomparivano nel minuto polverio della pioggia.

— Fortunatamente, per la sua stessa violenza, questo tempaccio durerà poco — commentò un'infermiera, accorsa per aiutarmi a chiudere l'uscio a vetri, sospinto dal vento impetuoso.

— C'è qualche notizia? — chiesi, guardando in giro nell'ampia sala d'aspetto illuminata dalla livida luce temporalesca. L'infermiera, una graziosa brunetta in camice bianco e cuffietta, mi guardò con simpatia:

— No, signorina, non ancora. Il professor Pereira è ancora dentro, pare che si tratti di una operazione complicata. No... non si può entrare, signorina! — aggiunse, vedendo che mi dirigevo verso il corridoio.

— Lo so, ma mi accontenterò di aspettare vicino alla porta.

Il terzo uscio del corridoio, metteva nella sala operatoria annessa al Reparto di patologia speciale chirurgica, in cui Pereira aveva spesso compiuto dei veri miracoli e dove, quel giorno, si operava anche Patrick, in un estremo tentativo di salvezza.

Acquattata dietro quella porta chiusa, i miei occhi cercavano invano di trapassare la vetrata lattescente, dalla quale uscivano soltanto, continui ed allucinanti, il sibilo soffocato dell'ossigeno ed il lieve ronzio dell'elettrocardiografo.

Nel silenzio, i tonfi del mio cuore in tumulto risuonavano fortemente, come il lento scandire di un tempo che fuggiva. Avevo le mani diacce d'un sudore che andava aumentando man mano che i minuti passavano. Ascoltavo con l'orecchio teso, i nervi che stavano per spezzarsi, l'animo come sospeso in un baratro pauroso.

Finalmente, dentro, qualcosa cominciò a muoversi. Udii il tintinnio di alcuni ferri, un sommesso parlottare, il rumore dell'acqua corrente. Infine, il noto brusio del montacarichi che portava via il lettuccio del paziente. L'operazione era finita...

La maniglia dell'uscio girò ed alcuni medici uscirono; mi appiattii contro la parete per lasciarli passare. Mentre si allontanavano udii, nel gruppo, la voce di Carvalho:

— Non capisco perché Pereira si sia impuntato in un inutile tentativo. Secondo me, il paziente è più che spacciato: è un moribondo!

Mi aggrappai alla parete per non cadere. Era dunque finita?

La porta si spalancò nuovamente per lasciar passare i medici praticanti e gli studenti che sempre facevano folla alle operazioni di Pereira, considerate capolavori dell'arte chirurgica, e potei finalmente spingere lo sguardo nella sala, adorna di quei lucidi, misteriosi oggetti che formano lo spavento del profano. In un angolo, Pereira stava togliendosi il camice.

Un infermiere uscì con una bracciata di biancheria.

— Per favore — gli chiesi timidamente — come è andata?

Egli sorrise compiaciuto:

— E' stata una cosa meravigliosa!

— Dal lato chirurgico non ne dubito, ma per l'ammalato?

L'infermiere alzò le spalle:

— Questa è un'altra faccenda... si vedrà poi.

Non mi restava che di interrogare Pereira stesso, per quanto sapessi in precedenza che l'impresa era tutt'altro che facile, data l'estrema riservatezza del chirurgo, in materia professionale. Egli uscì poco dopo, circondato da allievi che pendevano dalle sue labbra.

Nel vestibolo, in attesa che cessasse il temporale, si erano frattanto adunati anche gli altri spettatori dell'operazione e Pereira ne approfittò per continuare la sua lezione. Mi sedetti in un angolo, aspettando, mentre la mia mente volava, al di là di quelle pareti bianche e lucide, nella stanzetta dove giaceva Patrick forse in preda alla febbre ed ancora privo di conoscenza.

Finalmente, un raggio di sole al tramonto scaturì, quasi all'improvviso, dal grigiore del cielo e venne a colpire le immense vetrate della sala d'aspetto, traendone il brillio di mille diamanti: il temporale era finito. Mentre gli astanti più frettolosi cominciavano ad uscire, sfidando gli ultimi goccioloni, vidi distendersi, oltre gli edifici dell'ospedale, un lembo di cielo azzurro, limpido e splendente.

Pereira, avviandosi all'uscita, mi scorse e fece cenno che mi avvicinassi:

— Avrei bisogno del suo aiuto, questa sera, signorina. Ha qualche impegno?

— No, professore.

— Bene, mi aspetti all'auto. Ci sarò fra un attimo.

Sovente, quando c'erano relazioni mediche particolarmente urgenti o corrispondenze arretrate da sbrigare, avevo seguito Pereira a casa sua; ma questa volta il caso mi favoriva particolarmente, poiché avrei potuto interrogare il chirurgo a mio agio, sull'andamento dell'operazione.

Uscii dalla clinica mentre il sole, prima di calare, pareva volersi prendere una rivincita, incendiando tutta la città.

Anche l'autista del chirurgo, un meticcio dal colorito olivastro e dai capelli lanuti, tutto fiero della sua divisa color verde bottiglia, sembrava contemplare con delizia l'incanto della natura, uscita tutta fresca e rinnovata dal prolungato lavacro.

— Guardi, signorina — mi disse con un sorriso, dal quale traspariva tutta l'adorazione della sua razza per il sole — non ho mai visto un arcobaleno così bello, laggiù sul mare!

Era vero. Ampissimo e rilucente, l'arco campeggiava su tutto l'orizzonte, celeste coronamento della festa della natura.

Lo guardai con una specie di superstiziosa esultanza: quell'arco, che è anche un biblico segno di pace dopo la tempesta, non voleva forse significare qualcosa anche per me? Annunciare una risoluzione alle mie angosce, una consolazione al mio dolore?

Pereira arrivava. Pallido e con le occhiaie profondamente incavate, portava sul volto í segni della fatica e della tensione. Non potei fare a meno di ammirare ancora una volta la tempra di quell'uomo, l'inesauribile vigoria di quella sua magra persona, la cui carne sembrava esser stata consunta dalle continue vittorie dello spirito.

— A casa — ordinò all'autista, poi si lasciò andare sui cuscini con un sospiro di soddisfazione. Volevo interrogarlo, ma non osai. Egli aveva chiuso gli occhi, dopo essersi passata la mano sulle tempie, come per calmarne il battito, ed ora rimaneva immobile, oppresso dalla fatica.

« Lei, signorina, mi piace perché è una donna che sa tacere » mi aveva detto un giorno. Non potevo quindi disturbarlo proprio ora, malgrado che l'ansia di apprendere quanto mi stava a cuore, fosse davvero bruciante. L'automobile procedeva lentamente. Si era infatti agli ultimi giorni di carnevale, il carnevale brasiliano strabocchevole e festoso; cortei di gente in costume interrompevano spesso il traffico, obbligandoci a frequenti fermate.

Specialmente nelle vie principali, la folla era fitta ed impazzava allegramente, mentre sfilava per recarsi ad eleggere la regina del « mambo ». Mi accinsi a chiudere il finestrino, per evitare che qualche buontempone scaraventasse dentro dei coriandoli o, magari, quell'infernale polverina che provoca starnuti a ripetizione.

L'auto si era fermata in quel momento ad un crocicchio. Tra il frastuono delle trombette, dei tamburelli e delle immancabili castagnole, riuscii a percepire il grido familiare degli strilloni che vendevano i giornali della sera. Porsi un distratto orecchio, mentre lottavo con il cristallo, restio ad alzarsi, ma poco mancò che non facessi un balzo.

— Il petrolio! — gridava un ragazzotto, un tipo che non dimenticherò mai più: basso, taurino, col volto rincagnato, con una voce particolarmente stentorea:

— Il petrolio trovato nella regione di Sergipe! Una nuova ricchezza per il Brasile!

Tremavo tutta, mentre un sudore freddo mi imperlava la fronte: udivo bene? Aprii in fretta la borsetta, allungai una moneta. Feci appena in tempo a ritirare una copia del giornale poiché, al segnale del vigile, l'auto si era rimessa in moto, tra la fiumana delle macchine.

Pereira, frattanto, aveva riaperto gli occhi:

— Come, siamo ancora qui? — chiese con impazienza.

— E' carnevale — esclamai, riponendo frettolosamente il giornale. Non ci sarebbe stato bisogno della mia informazione, per ricordare la festa a Pereira, poiché, proprio in quel mentre, gettata da una maschera impertinente attraverso il finestrino rimasto aperto, una nube colorata di coriandoli ci avvolse, spargendosi sui nostri abiti e sui sedili.

COSI' VA IL MONDO

Il chirurgo brontolò qualcosa che non compresi. Pensavo troppo a quel giornale che avevo riposto nella borsetta; cosa avrei pagato per dargli un'occhiata! Ma resistetti alla tentazione. Mi aspettava infatti un lungo, difficile lavoro e preferivo quindi non eccitarmi di più con nuove notizie. Ero già fin troppo turbata!

Casa Pereira me la ricorderò sempre per la quantità sbalorditiva di rose del suo giardino: gialle, rosse, rosa, amaranto, bianche, d'ogni qualità e forma, compresi gli ultimi incroci di grido. Quasi che il chirurgo volesse, circondandosi del loro profumo, dimenticare l'acuto odore d'etere che sempre perseguita i medici d'ospedale.

Se il giardino era tutto un sorriso di corolle, l'interno della villa appariva invece arredato con una certa severità. Specialmente lo studio del chirurgo incuteva rispetto, con la grande biblioteca che occupava, con le sue scaffalature, quasi tutte le pareti.

— Alle nove e mezza debbo uscire — mi annunciò Pereira, non appena mi fui seduta alla macchina da scrivere — Mi aspetta una riunione professionale. Dovremo dunque affrettarci e, invece della cena, farò portare dei panini imbottiti e qualcosa di caldo.

— Non si preoccupi di me, professore. Cenerò più comodamente dopo.

— La signora è in casa? — domandò Pereira alla cameriera, apparsa alla sua scampanellata.

— No, signore. Donna Caterina si è recata a teatro con il signor Francisco. In casa c'è però la signorina Estrella che non ha voluto accompagnarli, per aspettare lei, professore.

Il volto del chirurgo sì illuminò di un sorriso. Estrella era la sua cara figliola, la sua bambina com'egli la chiamava ancora affettuosamente, malgrado avesse ormai compiuti i vent'anni. Nata otto anni più tardi di Francisco, essa era stata per Pereira una benedizione, che lo compensava in parte dei dispiaceri procuratigli dal figlio scioperato.

— Ci si accorge subito quando la signorina è presente — dissi. Benché smorzati dalle pareti, arrivavano infatti fino a noi gli accordi di un pianoforte, toccato da mani esperte.

Alle prime note seguì l'accompagnamento del canto. Porsi orecchio.

— Mozart? — chiesi infine, guardando interrogativamente Pereira.

— Non si sbaglia, signorina. Si tratta appunto delle « Nozze di Figaro », l'opera di debutto di Estrella.

Non ne sapevo ancora nulla e fui perciò lietamente sorpresa dalla notizia:

— Come, signor Pereira, siamo già dunque al grande passo? E' ben veloce il tempo!

Pereira allargò le braccia:

— Cosa dovrei dire io, signorina! Mi sembra un sogno e, come se fosse cosa di ieri, vedo Estrella che comincia a studiare canto, con le trecce sulle spalle e la bambola ancora fra le braccia. Invece siamo alla grande prova e non le nascondo la mia ansia. Estrella porta, diciamolo pure, un nome abbastanza noto, e il suo debutto verrà quindi particolarmente seguito dalla critica e segnalato alla pubblica attenzione.

— Oh, vedrà che tutto andrà bene, signor Pereira. Estrella avrà un successo luminoso come il suo nome.

— Speriamolo. Ha scelto lei stessa questa via, ma non vorrei che incorresse in una delusione. Sarebbe un terribile colpo per il suo entusiasmo, per la sua passione.

Pereira riprese a dettarmi ma, nelle pause, il buon padre rimaneva talvolta assorto, porgendo involontariamente orecchio alla. voce argentina della figlia che arrivava a noi, modulata nella scherzosa aria di Cherubino: « Non so più cosa son, cosa faccio... ».

Anch'io mi distraevo e duravo fatica a concentrarmi nel lavoro, ma per ben altre ragioni. Due, infatti, erano i pensieri che continuamente si agitavano nel mio cervello: che c'era di vero nella notizia del giornale? E Patrick... come stava ora? Al ricordò di quest'ultimo, la mano mi tremò sui tasti e Pereira se ne accorse.

— Che cos'ha, signorina? Se è stanca lo dica senza complimenti, potremmo smettere.

— Mi scusi, professore, ma l'esito dell'operazione…

— Oh, benedetta distrazione! Scordavo che le stava particolarmente a cuore la sorte dell'ammalato operato oggi. Ecco, signorina, quanto le posso dire in proposito: l'operazione può dirsi riuscita dal punto di vista chirurgico. Praticamente però, bisogna considerare il grave esaurimento di cui è affetto il degente e la natura tuttora incerta del suo male, in merito al quale non è stato ancora possibile formulare una precisa diagnosi clinica.

Tutto sommato, l'ultima parola è ora alla natura. Per meglio dire, giacché lei è credente, la sorte di quell'uomo è ora nelle mani di Colui che tutto può. Io stesso, compiuto un intervento e deposti i ferri, è a Lui che raccomando il mio paziente, poiché nulla potrebbe la mia povera abilità senza l'ausilio della Divina Provvidenza.

— Comprendo — dissi, abbassando il capo.

Oh, Patrick, pensai, è davvero il Signore che ti ha sbarrato la via, quando meno tu lo aspettavi, e ti ha posto in un'alternativa nuova per il tuo spirito scettico!

— Ad ogni modo — continuò il chirurgo con un sorriso — Le posso dire che si tratta di un malato eccezionale il quale, benché roso e distrutto dalla malattia, ha ancora in sé una vitalità che sbalordisce.

Si figuri che egli insisteva per non essere anestetizzato e ce ne volle di protossido di azoto per far tacere quella sua lingua beffarda!

Mio malgrado dovetti anch'io sorridere. Patrick era sempre il solito irriducibile, in ogni circostanza. Ma come era lunga e spasmodica l'attesa di quella soluzione che solo il destino conosceva!

Pereira dovette ben comprendere i miei sentimenti, perché mi guardò con paterna dolcezza ed un'ombra di compassione passò nei suoi occhi severi. In quel mentre, alla porta socchiusa, fece capolino la testa ricciuta di Estrella:

— Papà, è l'ora della tua riunione — avvertì — Oh, buona sera signorina Rossella, non sapevo che lei fosse qui. Come sta?

— Piuttosto, domanderò a lei come vanno gli studi. Ho saputo or ora che debutterà presto...

— Infatti, fra due mesi, al Teatro Municipale di Rio. Spero bene che sarà presente lei pure, signorina, anche per applaudirmi un poco magari!

— O per... il viceversa — obiettò scherzosamente il padre che, raccolto intanto cappello e bastone, diede un bacio sulle gote paffutelle della figlia, e mi fece le ultime raccomandazioni:

— Le sarò grato se vorrà rivedere ed eventualmente correggere le relazioni che le ho dettato. Anzi, siccome in questo periodo carnevalesco non è opportuno che una signorina rincasi sola, di sera, le consiglio di aspettare qui il mio ritorno. La farò poi accompagnare a casa con la mia vettura.

Uscito Pereira e mentre riordinavo i dattiloscritti, Estrella ritornò con la cameriera che reggeva un vassoio di vivande: antipasto, carne fredda, uova e dolce.

— Perché disturbarsi per me, signorina Estrella?

— Ma no, nessun disturbo, siamo anzi noi che dobbiamo farci perdonare di trattenerla così a lungo. Si serva senza complimenti. Se permette, mi tratterrò frattanto a far quattro chiacchiere con lei. Le confesso che divento molto triste, quando rimango sola in casa.

— Strano che lei, signorina Estrella, non abbia partecipato a qualche festa, in queste ultime sere di carnevale.

— Oh, non voglio metter in pericolo la voce! Danzare vuol dire accaldarsi ed un raffreddore è subito preso — La giovinetta parlava con tono calmo e riflessivo, benché il suo carattere fosse gaio ed allegro.

Estrella era di statura non molto alta, grassottella, viso rotondo contornato da una selva di riccioli neri ed abbellito da due splendidi occhi di un bel marrone scuro. Nell'insieme una figura non eccezionale, ma piacevole e resa maggiormente attraente da un animo buono e gentile.

— Inoltre — essa continuò, intrecciando le mani in grembo, e guardando, oltre la finestra, il giardino inondato di luce lunare — preferisco tener compagnia a papà. Per lui non ci sono mai feste, né completo riposo ed è appunto per dargli qualche soddisfazione, che vorrei riuscire nella carriera che ho intrapreso.

— Se diverrò celebre — proseguì con una specie di infantile rapimento — se diventerò una cantante acclamata, quante cose potrò regalare al mio babbo, e chissà quante buone opere potrò compiere!

Io tacqui, pensosa. Potevo parlare? Guardai quel volto di fanciulla, così buono, così somigliante al padre... Sì, avrebbe certamente compreso!

— Io lo so, cosa vorrei fare — dissi — se diventassi ricca, o anche se potessi soltanto disporre di mezzi che vadano oltre le mie normali occorrenze di vita.

Come un incubo mi è rimasta in mente, una triste scena alla quale ho assistito a Santa Amaro, il quartiere più povero della nostra città.

Forse lei, signorina Estrella, lo ignorerà, ma sotto il nostro bel sole che tutto indora, quanta miseria c'è anche qui... a due passi da un limpido mare, in una natura che è tutta una festa — e le raccontai l'episodio della bambina ed il resto.

Vidi Estrella rabbrividire e diventare pallida.

— Perdoni se le parlo di queste malinconie, proprio in una sera di carnevale ma, purtroppo, quante fanciulle sono in pericolo come quella di Santa Amaro!

Una delle prime cose che vorrei fare, potendo, sarebbe quella di soccorrere la provvida istituzione che il parroco di quel quartiere ha ideato, ma che purtroppo ha dovuto lasciare incompiuta per il momento. Me la vedo già davanti agli occhi: una bella casa moderna ed accogliente, con sale di ricreazione e una palestra sportiva tutta a vetri, fiori dappertutto e, unica padrona di casa, una grande statua della Madonna a braccia spalancate, nell'atrio come ad accogliere le bambine e le giovanette del quartiere.

Estrella era rimasta silenziosa ma, improvvisamente, essa mi gettò le braccia al collo in uno slancio di entusiasmo, passando senza avvedersene al « tu » di un'amicizia fraterna.

— Sei buona, sei buona, cara Rossella, ed io ti voglio bene! Anch'io voglio cominciare la mia carriera con un proponimento buono: se il Signore mi farà guadagnare qualcosa, ebbene, nessun bisognoso busserà invano alla mia porta!

Mentre rimanevamo in pensoso silenzio, alquanto commosse dalle nostre reciproche confidenze, la cameriera bussò discretamente alla porta:

— Signorina Rossella — annunciò — la desiderano urgentemente al telefono.

L'insolita chiamata mi ripiombò subito in quei pensieri dei quali in quel momento mi ero perfino scordata; seguendo la cameriera all'apparecchio, la notizia strillata dai giornalai mi si presentò dì nuovo alla mente, con tutti i suoi interrogativi.

Al telefono c'era mia cognata, ma quasi quasi non la riconoscevo, tanto la sua voce era rotta ed alterata dall'emozione:

— Oh, Rossella! Ero già a letto quando mi hanno svegliata... un telegramma, un telegramma di Giovanni! Ora te lo leggo, ma lasciami riprender fiato, non so più dove sia la mia povera testa. Ecco cosa dice:

« Petrolio quasi puro sgorgato ieri da due pozzi. Assediati dai giornalisti. Ragazzi impazziti dalla gioia. Mister Cooper già arrivato. Urge vostra presenza ».

Quando deposi il microfono, rimasi stupita che la gioia non mi cantasse in cuore e che non impazzissi, come gli operai laggiù. Una strana calma, invece, quasi un torpore mi invadeva l'anima. Avevo l'impressione di essere arrivata al culmine di un valico alpino, al di là del quale tutto il paesaggio cambiasse totalmente. E nello stesso tempo provavo un presentimento quasi solenne delle nuove responsabilità, dei nuovi doveri, che il mio cambiamento di stato implicava.

Estrella, entrata in quel momento e preoccupata a mio riguardo per l'improvvisa urgente telefonata, vide sulla mia fronte il riflesso di quei pensieri, più tristi che lieti e mi guardò allarmata. Io non risposi alla sua domanda ma, aperta la borsetta e toltone il giornale, le mostrai la notizia della quale avevo ormai sicura conferma.

— Evviva! — esclamò gioiosamente Estrella — Ma allora, sei ricca, e potrai presto realizzare ciò di cui abbiamo parlato poco fa. Non sei contenta?

Si, ero ormai partecipe ad una fonte di ricchezza, ma dov'era colui che era forse stato il maggiore artefice del successo, avendo, con il suo intervento, evitata la cessione dell'impresa? Una fiammata di vita, secondo la sua espressione, si stava accendendo laggiù, nell'arida landa della « Meseta », proprio quando la sua vita era in bilico, nell'incertezza della sorte...

Estrella ascoltò attentamente la spiegazione dei mio stato d'animo, e poi seppe trovare con la sua innata bontà, parole piene di dolcezza, che misero un raggio di speranza nel mio cuore:

— Ebbene, Rossella, io credo invece che tutto andrà per il meglio, anche riguardo a Patrick. Iddio, che è tanto buono, non usa generalmente elargirci delle grazie incomplete, ossia concederci, ad esempio, un bene materiale in modo improvviso ed insperato, per toglierci contemporaneamente l'anelito del nostro cuore. Vedrai che « Egli » te lo restituirà perché possiate, insieme, impiegare le vostre nuove risorse nel modo che tu sognavi.

— Volesse il Cielo che tu dicessi il vero, Estrella! Frattanto, ancora una volta dovrò pregare tuo padre di accordarmi un certo periodo di libertà, perché laggiù occorre la mia presenza, e mia cognata non è in grado di sostituirmi nelle faccende un po' complicate che mi attendono.

— Oh, papà capirà certamente tutto, non preoccuparti. Se vuoi ritornare subito a casa, gli parlerò io.

— No, preferisco aspettarlo. Ormai non mancherà molto al suo ritorno.

Quasi subito, infatti, udimmo le ruote dell'auto mordere la ghiaia del giardino e Pereira entrò, col cappello in mano e l'inseparabile bastone sotto il braccio.

— Allora, la nostra Rossella ci lascia, eh? — esclamò subito, scorgendomi vicino a sua figlia.

— Dunque sai già tutto, babbo? — domandò Estrella.

— E come no? Ne parla tutta Recife o, almeno, la parte di questa allegra città che non balli o si diverta, in questo momento. Posso dire, anzi, che la notizia della scoperta di quei nuovi giacimenti, è stata questa sera la risorsa principale della conversazione tra noi vecchi medici.

— Oh, papà — lo rimproverò affettuosamente Estrella, abbracciandolo — tu non sei vecchio!

— Non è mai vecchio chi si fa voler bene così! — aggiunsi io. Egli sorrise, osservandomi. Sbagliavo, o c'era una punta di tristezza, nel suo volto?

— E così — egli riprese — mentre il Brasile guadagna in ricchezza, io perdo una collaboratrice preziosa!

Non sapevo cosa rispondergli. In fondo, rincresceva anche a me, lasciare il mio impiego dove, pur nei doveri di ogni giorno, avevo trovato un valido e sicuro appoggio.

— Non si crucci delle mie parole! — esclamò Pereira. — Vede, signorina, io ero contento, arrivando in ufficio, di trovarvi una ragazza buona, non dipinta, semplice e volonterosa, un doppione, quasi, della mia cara figliola. Ed è naturale che mi preoccupi: non troverò facilmente un'altra segretaria adatta per me.

— Oh, papà — intervenne Estrella, prendendomi una mano — noi siamo ormai amiche! Anzi, poco fa abbiamo visto che ci sarà mol-

---

to da fare per noi, quando saremo ricche, e proprio per questo ci vogliamo ora tanto bene!

Pereira ci guardò sorridendo:

— E che cosa vorreste fare, se è lecito?

— Tante cose, papà, tante cose — ripeté Estrella, con deliziosa aria di mistero — Ora, però, dobbiamo augurare a Rossella un felice svolgimento delle sue faccende e lasciarla libera. Deve prepararsi per il viaggio, poverina, e l'abbiamo trattenuta fin troppo a lungo.

— Ho riveduti e messi in ordine i suoi scritti, professore. Li troverà nella cartella sulla scrivania.

— Grazie, signorina. Vada pure a cuor tranquillo, senza preoccuparsi di nulla, riguardo all'impiego, e cerchi, laggiù, di curare bene i suoi nuovi interessi. Si troverà davanti a molte difficoltà, a molti egoismi. Anzi, ora che ci penso, potrei raccomandarla ad un avvocato mio amico, persona molto onesta, che potrebbe consigliarla bene in proposito. Si tratta dell'avvocato Emilio Rodrigues, che lei ha già avuto occasione di conoscere per ragioni d'ufficio. Se vuole, gli telefonerò questa sera stessa. Egli potrebbe eventualmente accompagnarla alla « Meseta », per assisterla.

Accettai con riconoscenza.

— Bene, ora la saluto. Domani, prima di mezzogiorno, telefoni a Rodrigues e senta la sua risposta. Tanti auguri, signorina. Creda, son contento della sua fortuna, se la merita!

Pereira mi strinse calorosamente la mano. Senza volerlo, eravamo ambedue molto commossi; poi Estrella mi accompagnò fuori, in giardino, ove l'auto del chirurgo mi attendeva.

Un placido chiaro di luna illuminava i roseti, traendone fredde, strane armonie di colori spenti; il profumo delle corolle era fresco, delicato e sembrava variare, ad intervalli, secondo la direzione del vento.

La mano di Estrella strinse affettuosamente la mia:

— Ti faccio anch'io tanti auguri, Rossella. E non temere di nulla per il tuo Patrick. Veglierò su di lui e ti terrò al corrente dell'andamento della malattia. Nello stesso tempo, manterrò viva l'attenzione di mio padre su quel paziente. Vedrai, vedrai... il cuore mi dice che alla fine ti attende una vera e completa felicità!

Salii in macchina e, mentre questa si avviava, vidi la gentile figura di Estrella, in una cornice di rose, farmi un ultimo cenno di saluto.

CAPITOLO 9

L'indomani mattina, fu mia cognata a svegliarmi. Dolores, evidentemente, aveva passata una notte insonne e, prima che scoccassero le sette, era già in piedi, accanto al mio letto, pronta a ricominciare la conversazione che la sera prima, piena di stanchezza com'ero, avevo dovuto decidermi a troncare.

Anch'io non avevo fatto che girarmi e rigirarmi nel letto durante tutta la notte, quasi rimpiangendo la vita monotona ma quieta di prima, quando bastava che mi perdessi un poco in fantasticherie, perché subito Morfeo mi accogliesse nelle sue braccia.

Ahimè, quale fonte di inquietudini si rivelava la ricchezza! Per nulla riposata, balzai dal letto e mi osservai allo specchio: che pallore, che occhi pesti! Comunque, bisognava ora agire e cominciai col pregare mia cognata, di risparmiarmi i suoi progetti e le sue fantasie sul futuro.

— Cara Dolores — le dissi — a suo tempo metteremo tutto a posto. Si, anche una casa a Rio, anche il collegio per Pedro. Tutto!

Rimasta sola, mentre curavo la toeletta, architettai il piano d'azione della giornata. L'aereo postale partiva dall'aeroporto alle cinque in punto del pomeriggio; disponevo quindi di una decina di ore da utilizzare per le molte operazioni che mi rimanevano da compiere. Ma una cosa mi stava particolarmente a cuore: visitare Patrick.

Volevo essere io personalmente, se ancora in tempo, a dargli la grande notizia della scoperta del petrolio, sperando che essa potesse giovare a risollevare il suo morale, con benefiche ripercussioni sull'andamento della malattia.

In quel mentre, però, un'energica scampanellata interruppe il corso dei miei pensieri e poco dopo mia cognata venne tutta affannata ad annunciarmi:

— Rossella, ci sono i giornalisti ed i fotografi. Che facciamo?

Ci mancavano proprio anche loro! Come mai non avevo previsto quest'altra seccatura? Come avevano fatto a scovarci, poi, lo sapeva il cielo!

Arcangelo Galante

Non mi sentivo proprio la forza di affrontarli mentre, a giudicare dall'espressione apparsale sul viso, mia cognata doveva essere tutt'altro che dispiaciuta dell'improvvisa pubblicità che ci minacciava.

Per fortuna, però, abitavamo a pian terreno: in un lampo presi una decisione, e poiché mi trovavo ormai vestita, raccolsi in fretta cappello e borsetta.

— Me ne vado per di là — annunciai alla stupefatta Dolores, additando la finestra aperta sulla strada. — Tu tieni frattanto a bada i giornalisti e racconta loro quello che buon senso e prudenza ti suggeriscono. Ad ogni modo, guardati bene di informarli che partirò stasera con l'aereo: non voglio seccature!

Attesi che la strada sottostante, un vicolo secondario, apparisse del tutto deserta, poi, con stile sportivo, scavalcai il davanzale e fui subito nella via. Scantonai in fretta e, allungando il percorso per non esser costretta a passar davanti alla porta esterna della casa, dove si affollavano i giornalisti, mi diressi verso la clinica.

Come in un attimo può cambiare tutto, nella vita! Me ne accorsi subito quando il portiere della clinica « Vasco da Gama », solitamente uso a fingere di non vedermi per risparmiarmi il saluto, mi rincorse sotto il portico. Anche lui teneva a rallegrarsi con me. Di che cosa, poi, probabilmente neppure lui l'avrebbe saputo dire. Infatti, non era dipesa certamente dalla mia abilità, la scoperta dei giacimenti. Ma così va il mondo: spesso si loda di più un uomo semplicemente fortunato, che un uomo di ingegno, ma povero.

Continuai la mia strada, dirigendomi al padiglione di chirurgia sperimentale, dominio di Suzanne, e da questa tenacemente difeso contro l'invadenza del dottor Carvalho. Appena entrata, ebbi subito una prova della perfetta, ma rigida organizzazione creata dal nordico genio della Janssen.

Un'infermiera, inappuntabile in tutto, dalle scarpine bianche alla cuffietta perfettamente inamidata, mi fermò inesorabile, e solo dopo un quarto d'ora di telefonate mi comunicò che potevo, sì, fare una visita a Patrick, ma con i dovuti riguardi e per il periodo di tempo che mi sarebbe stato fissato.

I riguardi consistevano in un camice bianco, un paio di guanti di gomma ed una maschera di garza che l'infermiera mi applicò al viso. Salita al secondo piano, nel rapido silenzioso ascensore, fui fatta passare per corridoi con pareti di smalto e pavimenti di gomma, nei quali una fluorescenza azzurrognola rendeva più spettrali i rari infermieri che rapidi vi scivolavano.

Le meticolose precauzioni adottate, però, non sembravano più tanto esagerate, se si considerava che, nelle stanzette disposte ai lati del corridoio, al di là di bianche porte, si studiava il decorso delle più svariate malattie, sperimentando i più moderni sistemi di cura. Non erano escluse le terribili e contagiose malattie tropicali, che infieriscono specialmente fra gli indigeni ed i colonizzatori dell'interno.

Giunti ad una delle ultime porticine, la mia accompagnatrice si arrestò, controllò con occhio critico che tutto, nel mio abbigliamento, fosse in ordine, poi mi aperse l'uscio.

— Può fermarsi solamente venti minuti, signorina — mi avvertì. — Quando vedrà accendersi il segnale rosso sulla porta, la visita dovrà considerarsi terminata.

Una cameretta oblunga, dal pavimento lucidissimo. In mezzo, il candido lettuccio sul quale Patrick, avvertito in precedenza, era ad attendermi. Doveva possedere una fibra ben forte, quel diavolo d'uomo se, pur avendo appena subita l'operazione di una certa gravità, riusciva ancora ad abbozzarmi una specie di sorriso.

La porta si era rinchiusa: eravamo soli. Mi tolsi risolutamente la maschera e me la ficcai in tasca. Mentre mi avvicinavo al letto dell'infermo, però, il cuore mi si stringeva e dovevo farmi forza per non scoppiare in singhiozzi. Forse per la luce vivida riflessa dalle pareti, forse per il magrissimo, cereo volto dell'infermo, Patrick sembrava già una figura dell'altro mondo. Solo il sorriso era sempre quello: un po' amaro, ma sempre fanciullesco.

— Toh — mi disse debolmente — posso dunque credere di essere ancora vivo.

— Ma certo, Patrick!

— Davvero? C'è il mare, la terra, il cielo, i fiori, gli alberi? Esiste ancora qualcosa che non sia sterilizzato e profumato all'etere?

Non potei trattenere un sorriso. Egli tolse dalle coperte una mano scarna, quasi eterea:

— Sono contento che tutto questo ci sia ancora: da un pezzo io non vedo che fantasmi in maschera.

Mi sedetti accanto a lui, mentre i suoi occhi azzurri mi contemplavano come se volessero bermi.

— Patrick, ho da darvi una buona notizia.

Egli mi guardò, sorpreso, ma poco convinto:

— Una buona notizia... proprio a me?

— Si, vi ricordate il proponimento che faceste un tempo, di ingurgitare un bicchierino di quel certo liquido nero? Ebbene... preparatevi a mantenere la promessa.

— Il petrolio! L'avete dunque trovato!

— Sì, Patrick. E tanto, tanto... Almeno secondo le prime notizie dei giornali, confermate anche da un telegramma di Giovanni. Poco fa, sapete, sono sfuggita per un pelo ai giornalisti ed ai fotografi.

— Evviva dunque! — esclamò vivamente Patrick, con un'espressione che cercava disperatamente di essere allegra. — La signorina Rossella sta diventando ricca e celebre e, poiché bella lo era già, presto sarà considerata la più invidiabile ragazza di Recife.

— Sciocchezze! Sapete bene che voi, ormai, siete ricco quanto me. Quello che avete fatto allora... — Egli mi interruppe:

— Potreste meglio dire, allora: « Patrick, il più ricco moribondo del momento! ».

— Non scherzate, Patrick. Sarebbe una cosa terribile se mi mancaste proprio ora!

Egli abbozzò un gesto stanco.

— Oh, tutto si dimentica, specialmente quando ci sono i mezzi per svagarsi, per lasciare i luoghi dove si ha sofferto... magari rimpatriare!

— Vi ricordate quello che voi stesso mi diceste, ad Aracajù:. « Vi sono delle cose che la ricchezza non può procurare »?

— Sì, e mi rivedo inoltre laggiù, ai piedi di quell'infernale collina, sulla scia di quel serpente... Ora è finita!

— No, Patrick, devi vivere, devi vivere per me!

Era la prima volta che gli davo del tu, ed egli mostrò di apprezzarlo, poiché mi ringraziò con un lampo negli occhi.

— Forse, se non fossi venuto qui, avrei vissuto qualche mese di più. Ma in questa stanzetta, sto diventando una specie di cavia; non passa giorno senza che entri un nuovo medico, mobilitato da Suzanne, a studiare il mio caso ed a progettare nuovi esperimenti.

— Cercano di farti guarire, Patrick, e devi riconoscere che l'intervento, chirurgicamente riuscito, ha già dimostrato, se non altro, che la non operabilità del tuo male, sostenuta dai precedenti medici curanti, si basava su di una diagnosi parzialmente errata.

— Comunque sia, Rossella, sono convinto che nessuna cura, per quanto efficace, basterà da sola a ridarmi la vita, ammesso che io possa guarire. Forse sarà semplicemente una fissazione, ma spesso mi avviene di rammentare quella tale vecchietta implorante una grazia, che avevo allora giudicata per una fanatica.

— Alludi forse alla penitente che saliva in ginocchio alla Chiesa dei marinai?

— Vedo che te ne ricordi, Rossella. Ebbene, non lo crederai, ma ho addirittura sognato di lei, questa notte.

Un brivido mi corse rapido nelle vene, mentre il mio animo, alle parole di Patrick, veniva afferrato da un sentimento indefinibile ed oscuro: la voce di un mondo soprannaturale, si sarebbe detto.

— Patrick — risposi con voce commossa — forse il Signore ha voluto con tale sogno, indicarti la via della preghiera, come la più sicura per ottenere la guarigione.

Patrick scosse il capo con aria sfiduciata. Intuivo che l'indebolimento prodotto in lui dalla malattia, aveva molto prostrato anche il suo spirito; tuttavia non mi sarei mai attesa ch'egli soggiungesse:

— Del resto... se proprio mi fosse preclusa ogni via di guarigione, saprei ben io porre un termine a questa vita di continue sofferenze. Credimi, Rossella, non saprei assolutamente sopportare che anche quest'ultima prova fallisse. Non ne posso proprio più!

Un brivido di raccapriccio mi percorse le vene.

— Patrick, tu sai quanto io ti ami — gli dissi appassionatamente, carezzandogli la scarna mano. — Ambedue ci dibattiamo ora nell'incertezza di un'attesa, il cui epilogo non può essere previsto nemmeno dai medici. Ma come vuoi che il Signore ci aiuti e permetta la tua guarigione, restituendo così ad ambedue la gioia della vita, se già pensi di ribellarti al tuo destino?

— La Sua volontà è davanti a tutto, Patrick! Ma nondimeno Egli è anche così buono da non darci mai una sofferenza che non si possa sopportare. Ti supplico, sgombra la mente da quei tristi pensieri, e ricorri invece a Lui, cercando di conoscerlo meglio.

— Oh, Patrick, ricorda dunque la chiesetta con le rose selvatiche ed i gabbiani, con l'erta scala della penitenza. Saliamola idealmente insieme, anche se lontani l'uno dall'altro. Fallo per amor mio, Patrick, perché io ti voglio bene, tanto bene!

Non potei continuare perché le lacrime, troppo trattenute, irruppero mio malgrado. Improvvisamente sentii la sua mano scarna e tremante, sfiorarmi lentamente la testa. La sua voce era dolorosa:

— Rossella, sento che se avessi potuto vivere accanto a te, sarei diventato buono, avrei capito. Ma ora... è troppo tardi!

Stavo per replicare, quando l'infermiera entrò, silenziosa:

— Non ha visto la luce rossa, signorina? La visita è finita.

— Ancora un istante — supplicai. — Mi lasci ancora qui...

Vidi gli occhi neri della fanciulla commuoversi, ma la sua mano, con gesto muto, mi additò Patrick: era svenuto.

Senza volerlo gli avevo forse procurato troppe emozioni. Ma pure, di fronte a certe deviazioni della debole volontà umana, bisogna pur essere forti, sinceri, gridare l'ammonimento ad ogni costo, prima che sia veramente « troppo tardi » !

Uscii tremante, in preda ai più contrastanti pensieri. Amore, dolore, angoscia, si agitavano in me e, tra l'altro, anche il pensiero della risoluzione disperata alla quale Patrick pareva deciso. E non ero riuscita a dissuaderlo!

Che fare, ora? Se avessi almeno potuto ripetere la visita un altro giorno! Ma, purtroppo, necessità e dovere mi chiamavano altrove. Unica cosa che potevo ancora tentare: indurre Suzanne a sorvegliare assiduamente il malato, per impedirgli di compiere qualche gesto irreparabile.

Trovai la dottoressa nel suo gabinetto chimico mentre, contro luce, osservava una fiala azzurrognola. Al mio entrare, depose l'oggetto e mi rivolse quei suoi gelidi occhi, capaci di smontare anche la persona più spavalda.

— Mi rallegro della tua fortuna! — mi disse subito Suzanne.

— Ah, sei al corrente anche tu?

— Ma certamente. Fortunata creatura, ecco che tu conquisti in un attimo più di quello che io potrò guadagnare in tutta la mia vita!

— Adagio — risposi — il guadagno non è tutto mio! Vi sono altri cointeressati e cioè mia cognata con i due figli e gli operai dell'impresa. Poi c'è anche colui che ci ha finanziato nel punto cruciale... A proposito, Suzanne, ti ringrazio del permesso di visitare Patrick: l'ho trovato molto abbattuto.

— Cara Rossella, abbiamo fatto per lui tutto quello che è stato possibile e continueremo ancora. Tuttavia, se l'operazione non avrà l'esito sperato, resterà ben poco da tentare.

Pronunciò queste parole con l'indifferenza del medico che vede scemare il proprio interessamento per una causa ormai perduta, e le sue crude espressioni non furono certamente un balsamo per il mio cuore, già raso dalla dolorosa alternativa.

— Ad ogni modo — ripresi soffocando l'angoscia — vorrei ora parlarti di un proponimento che Patrick mi ha confessato e che vorrei fosse stato dettato soltanto da un momentaneo scoraggiamento, anziché da una fredda determinazione.

— Che vorrebbe dunque fare? — mi chiese la Janssen, con tono indifferente.

— Egli dispera di guarire ed ho ragione di temere qualche atto insano da parte sua.

Suzanne alzò le spalle, con aria un po' annoiata:

— Oh, questi sentimenti non sono rari negli ammalati che si trovano nelle sue condizioni. Ma non devi impressionarti per questo: qui ogni paziente è ben sorvegliato, come capirai, anche per il buon nome della clinica. Del resto, Patrick non dovrebbe pensare a soluzioni estreme, quando esiste ancora la speranza di guarigione. La cosa cambierebbe naturalmente aspetto, qualora...

— Come — interruppi indignata, se non sorpresa, ben conoscendo l'antica identità di vedute esistente tra i due danesi — tu ammetteresti dunque una simile pazzia?

— E perché no? — rispose la Janssen. — Io stessa non esiterei un attimo a sopprimermi, qualora fossi giudicata inguaribile.

— Tu la pensi così perché non ami, perché non sai quanto valga la vita di un uomo, di fronte al Creatore!

Al mio tono risentito, essa alzò lentamente una mano:

— Certamente, Rossella, io non amo Patrick del tuo amore, ma tuttavia, e forse tu non lo sai, noi fummo amici fin dalla più lontana infanzia. Là, in Danimarca, le nostre famiglie abitavano, prima di emigrare, in due casette, l'una di fronte all'altra. Ogni mattina Patrick, allora un bimbo di cinque anni, mi chiamava a gran voce dall'orto ed insieme ci avviavamo all'asilo. Lui, talvolta, portava anche il mio panierino. Nei giochi, eravamo sempre compagni.

— Insieme, le nostre famiglie vennero qui in Brasile, ed a Rio continuò la nostra amicizia. Ci dividemmo solo quando avvertii il pericolo che essa sconfinasse, che noi scambiassimo per amore quello che era solo un buon cameratismo. Sarebbe stato un male per tutt'e due, ed avrebbe nociuto alla mia carriera. Però, il passato non si può sopprimere, ed è appunto in nome della nostra vecchia amicizia che...

A questo punto la voce di Suzanne si velò leggermente e, cogliendo l'occasione, interruppi:

— Dunque, se tu e Patrick vi consideravate quasi fratelli, perché non vorresti ora aiutarmi, con l'ascendente che può darti la vecchia amicizia, a porgergli un conforto morale, ad influire sul suo spirito, a vedere in lui insomma, non solo il corpo malato, ma anche la divina scintilla del suo animo, che già inconsciamente tende ad una superiore verità?

Fu mia illusione, o sul volto della Janssen apparve veramente una certa commozione? Comunque fosse, l'impressione durò solo un attimo, poiché la sua abituale freddezza prese subito il sopravvento.

— La nostra conversazione ci ha portato lontano — esclamò, eludendo la mia domanda, e, osservando l'orologio da polso, concluse frettolosamente: — Scusami, cara, ma è scoccata l'ora della solita visita ai degenti.

Mentre mi porgeva la mano, augurandomi buon viaggio ed un felice esito delle mie faccende, sentivo che essa mi restituiva tutta la mia incertezza.

Uscii disperata. Non avevo concluso nulla di positivo e mi sentivo stanca ed abbattuta.

Ma è proprio quando la speranza svanisce, che l'Onnipotente fa sentire la sua voce. Era ad una superiore intercessione, che dovevo affidare la causa di Patrick: perché egli guarisse o, se era proprio scritto che egli doveva lasciare questa terra, almeno gli fosse infusa la forza di sopportare il male, senza ricorrere a disperate risoluzioni.

Mi rammentai il sogno di Patrick. La Madonna è dappertutto, s'intende, ma ecco, mi sembrava che più efficace sarebbe stata la mia preghiera lassù, nella vecchia chiesa sospesa tra rocce e cielo, dove già ero stata con Patrick.

Maturata la decisione, non posi tempo in mezzo. Tutto il resto poteva aspettare, ma questo no. Noleggiai un'auto e, poco dopo, correvo sulla strada per Olinda.

A differenza della volta precedente, grosse nuvole nere correvano nel cielo, velando a tratti di grigio la natura, proprio con un'alternativa di gioia e di tristezza, che bene rappresentava la speranza ed il dolore che si agitavano nel mio cuore.

Man mano che la meta si avvicinava, ingigantiva nel mio spirito il sentimento di devozione alla Madre di tutti gli afflitti. Poco dopo, scorticandomi le ginocchia, salii sulla scala della vecchia chiesetta, tra l'acuto profumo degli amari lentischi ed il volo dei gabbiani: suppliche, promesse, fervorose preghiere si accavallavano nel mio pensiero. E un grande amore dentro, una fervida fede, una disperata fede!

CAPITOLO 10

— Attenzione, si scosti, signorina!

Con un balzo mi spostai lateralmente, appena in tempo per evitare un'assicella che piombava dalla sommità della costruzione.

— Grazie dell'accoglienza! — esclamai, alzando gli occhi. Il volto desolato di un operaio sporgeva dalle impalcature.

— Scusi tanto, signorina Rossella. Mi è sfuggita di mano e non ho fatto in tempo ad afferrarla...

— Lo credo bene — risposi, sorridendo per rincuorarlo — eravate tutto intento a gorgheggiare!

— Come si fa a non cantare — spiegò allegramente quello, additando con ampi gesti lo spazio intorno — quando si apre davanti a noi un simile panorama!

Il « panorama » era tutta la nostra « Meseta » che riviveva.

— Venga su, venga su, signorina. Ora l'aiuto. Non abbia alcuna paura, l'impalcatura è solida.

Mi issai coraggiosamente sull'ossatura della casa in costruzione e, grazie anche ai pantaloni sportivi che non mi impedivano i movimenti, in un attimo fui in cima.

Aveva ragione, quell'operaio: fin dove l'occhio poteva spaziare, da quella modesta altezza, era tutto un trionfo del lavoro. Fra la terra sconvolta degli scavi, si elevavano cantieri, casette prefabbricate che sorgevano in un lampo, dalla sera alla mattina; serpeggiavano le lunghe tubature degli oleodotti in costruzione, sulle quali gli specialisti facevano brillare qua e là le luminose fiammelle della saldatura ossidrica. Su questo inquieto panorama, movimentato da un intenso viavai di operai e di autocarri, si stagliavano giganteschi, sul cielo infuocato, i geometrici castelli dei pozzi già in funzione e le grandi sagome cilindriche dei serbatoi.

Ormai, ai pochi operai di una volta se ne erano aggiunti altri, a centinaia, ed io riuscivo a riconoscere coloro che avevano formato il primo nucleo della « Meseta », soltanto per quella specie di affettuosa deferenza che sì dipingeva sul loro viso, quando avevano occasione di incontrarmi.

Ognuno di loro aveva ricevuto una buona somma in denaro, in larga ricompensa dei modesti risparmi che avevano investito nell'impresa, quando il petrolio era solo una pia speranza e, inoltre, era stata loro assicurata una cointeressenza nella nuova gestione, cosicché cominciava per quei bravi lavoratori una vita di tranquillo benessere.

Molti avevano già scritto in Italia perché le loro famiglie li raggiungessero, e perché emigrassero, dietro invito, altri uomini validi e capaci da occupare nell'impresa. E fui proprio io, anzi, ad esigere, all'atto della stipulazione del contratto con la Compagnia petrolifera, appaltatrice dei pozzi, che la più alta percentuale possibile di italiani fosse impiegata nell'estrazione del petrolio e nella grande raffineria, che già stava sorgendo.

Erano passati circa due mesi dal giorno fausto in cui il primo getto del prezioso olio minerale era sgorgato ad alta pressione naturale, tra gli evviva degli operai, e come già tutto era cambiato, laggiù, alla « Meseta »! La Compagnia che si era assicurata lo sfruttamento, con un'offerta assai migliore delle altre concorrenti, e di cui mister Cooper era rappresentante, si era gettata con dinamicità del tutto nordamericana a strappare dalle viscere della terra i suoi tesori.

Sorgeva il benessere nella terra desolata e già, passando fra le baracche, si potevano scorgere vetturette nuove fiammanti, acquistate da qualcuno dei vecchi operai.

Assorta nei miei pensieri, non mi accorgevo che l'esuberante carpentiere, in contemplazione con me sul tetto, stava raccontandomi qualcosa.

— Dicevate...?

— Dicevo che lavorando non sento quasi fatica, perché questa sarà la mia casa. Ci pasticcio quando non sono di turno ai pozzi. La fabbricherò tutta da solo poiché, in Italia, ero un bravo muratore.

Osservai che la costruzione, sebbene ancora scheletrica, appariva fin troppo grande.

— Oh, sarà appena sufficiente! — esclamò l'operaio con un certo orgoglio. — Al primo piano abiteranno mia moglie e i due bambini; al secondo, mio cugino con la sua famiglia. Sto già facendo le pratiche necessarie perché possano presto raggiungermi. Abitano in un povero paese del Veneto e se la passano piuttosto magra, lei mi capisce, signorina Rossella. Sto già pregustando le meraviglie che faranno quando, sbarcati ad Aracajù mi troveranno ad attenderli con l'auto: « Ma è proprio tua? » chiederanno, e non vorranno credermi.

— E le casette qui intorno?

— Questa, a destra, sarà l'abitazione del mio collega Pietro. Siamo nati nello stesso paese e ci siamo messi vicino, benché ci sia il pericolo che le nostre mogli ne approfittino per « ciacolare » tutto il giorno.

Quella laggiù, invece, la fa costruire per sé, il signor Giovanni. E' grande perché anch'egli vuol metter su famiglia, e sposerà una ragazza venuta dal suo paese. Sarà il primo matrimonio che celebreremo qui, nella nostra chiesa.

— Ah, dunque, c'è in progetto anche la chiesa?

— Ma certamente, signorina Rossella! — rispose l'operaio, quasi risentito della mia interrogazione.

Restai commossa. Mi ricordavo della rozza immagine appesa all'albero, quando la « Meseta » era ancora la brulla e nuda terra senza frutto. Come potevo ora constatare, quanta vita era scaturita da quell'umile, ma sincero atto di fede!

Discesa l'impalcatura e salutato l'operaio, mi avviai per quella che, terminata la costruzione delle casette, sarebbe diventata la via principale del paese della « Meseta ». Mi beavo del fervore di vita e, quasi quasi, trovavo piacevole anche quell'acuto odore di petrolio che ormai impregnava ogni cosa.

Da un paio di mesi partecipavo alla vita del campo, con qualche saltuaria gita ad Aracajù, e si può dire che tutto quello che mi circondava, lo avevo visto nascere dal nulla. Adesso, però, era venuto il momento di ripartire.

La mia presenza non era infatti più necessaria e nuovi doveri mi chiamavano altrove. Con una certa malinconia, continuai il mio cammino e presto mi trovai all'aperto, là dove la « Meseta » era ancora vergine e la sua terra nera sembrava promettere altri tesori.

Era il tramonto, la medesima ora della morte di mio fratello. Mi fermai fissando l'immenso disco rosso del sole che stava per sparire oltre l'orizzonte: « Luca, avevi ragione tu! Sei contento ora? Questa è la vita che tu sognavi di suscitare e qui sorgerà un piccolo lembo d'Italia... Tu non ci sei più, ma gli uomini che qui troveranno lavoro e benessere ricorderanno sempre il tuo nome e lo benediranno! ».

Ma un'altra cara immagine, sopravveniva ora nel mio pensiero con struggente rimpianto. Un volto di vecchio ragazzo, un ciuffo biondo chiaro, due occhi azzurri... Patrick!

Estrella, ed anche Suzanne, mi avevano scritto di lui, ma erano frasi reticenti, e nessun miglioramento nelle condizioni dell'infermo veniva annunciato. Quanto a me, non avevo il coraggio di fargli un'altra visita: vedermi sarebbe stato per lui più un tormento che un piacere. Meglio che il mondo gli svanisse pian piano d'intorno, senza inutili rimpianti. A me non restava che piangere, e pregare. Pregare perché, almeno, quella cosa non succedesse!

Mentre ero così assorta nei miei pensieri, il sole calava, incendiando l'orizzonte. Vicino a me, nel silenzio, gli indefinibili fruscii della terra riarsa, forse anche lo striscio di qualche serpente verso la sua tana.

E dopo? Dopo, quando sarei stata lontana dalla vita eccitante e movimentata della « Meseta », quando il dolore e la tristezza mi avrebbero riassalito, che sarebbe stato di me? Avrebbero potuto la prosperità e la ricchezza, ricompensarmi del vuoto che Patrick lasciava nel mio cuore; di quel vuoto terribile, che sentivo preannunciarsi ogni giorno di più?

Con uno sforzo, mi riscossi dalle mie tristi riflessioni: era dunque questa la fiducia nella Divina Provvidenza? Ero proprio io che pensavo cosi, dopo aver posto l'immagine della Vergine, sul più alto pennone della mia nave? Non reputavo dunque capace la Sua mano materna di guidarmi in un porto sicuro, nella pace agognata?

Uno scalpiccio si udì ad un tratto: alcune persone, sbucando dalle solitarie colline della « Meseta », venivano alla mia volta, sullo stesso sentiero. Fra di esse distinsi alcuni ingegneri minerari, evidentemente in esplorazione del terreno e, purtroppo, anche mister Cooper.

Quel brav'uomo, in due mesi, me l'ero trovato un'infinità di volte tra i piedi e, anche adesso, non avevo alcun mezzo per scansarlo.

Appena egli mi scorse, abbandonò la brigata e mi raggiunse, sfoderando il suo migliore sorriso. Con il colorito notevolmente accentuato, la camiciola a fiori, in puro stile « Palm Beach », i pantaloni azzurri, mister Cooper era senza dubbio pittoresco.

— Halloo, signorina! Ma che fate qui, se è lecito?

— Stavo meditando su alcuni miei ricordi. Pensieri tristi, credo che talvolta ne abbiamo tutti.

Egli mi guardò, meravigliato:

— Pensieri tristi? Oh, ne indovino bene il perché! Rimanete sempre sola, troppo sola. Ma se acconsentiste...

— Mister Cooper, sarebbe questa per caso un'altra domanda di matrimonio, la decima, se non ho contato male, che volete farmi?

— Davvero? Ne ho dunque già fatte dieci e mi avete sempre risposto picche? — mister Cooper si accarezzò il mento, con aria pensierosa:

— Che cosa c'è dunque in me, che non incontra i vostri gusti? Ecco, ho il sospetto che sia stata quella maledetta serata alla « Copa d'Azul », a disgustarvi di me. Si, lo ammetto, avevo bevuto un po' troppo, ma vi assicuro che sono normalmente assai temperante.

— Oh, non si tratta di quell'episodio, che ormai avevo del resto già dimenticato, ma piuttosto...

— Allora, sentite signorina Rossella: noi qui abbiamo ormai finito il nostro compito, la faccenda è avviata e tutto procede bene. Se ci prendessimo una buona vacanza? Magari a Rio? Partiamo, ci svaghiamo un po' ed intanto voi pensate alla mia proposta. Se vi parrà conveniente, ci sposeremo in un baleno e compreremo un bel villino a Copacabana o, se non vi piace la mondanità, alla spiaggia di Icaray, più tranquilla e signorile. Che ne dite?

Che dovevo rispondere? Oh, se in luogo di mister Cooper, quelle parole le avesse pronunciate Patrick! Mentre camminavamo verso le case, cercai di analizzare i miei sentimenti, ma non conclusi nulla. Ero smarrita, stanca e la mia anima era lontano, prona sui corrosi gradini della vecchia chiesa, ad impetrare luce e pietà.

— Allora, signorina Rossella? — chiese l'americano, quando fummo arrivati alle prime casette, come conclusione ad un altro lungo discorso che io non avevo minimamente ascoltato.

— Ho molta stima per voi, mister Cooper, ma il momento non è adatto, credetemi, per discutere una proposta di questo genere.

Egli non afferrò forse il senso esatto della mia risposta, poiché replicò:

— Bene, così mi piace; la riflessione è una delle vostre doti principali, signorina, e vi permette anche di essere audace, all'occorrenza. Oh, mi ricorderò sempre come mi avete abilmente giuocato, la prima volta che venni qui.

— Che intendete dire, mister Cooper? — chiesi un po' meravigliata.

— Non avete forse fatto saltar fuori un finanziatore, proprio quando nessuno, all'infuori della mia Compagnia, sarebbe stato disposto all'acquisto della « Meseta »?

— Fiutavate un buon affare, vero? Vergognatevi dunque: ci avreste preso per il collo approfittando del nostro urgente bisogno. Ad ogni modo, mister, vi assicuro che non sono stata io a cercarlo, il provvidenziale finanziatore. Al contrario, egli si è offerto del tutto inaspettatamente.

— Sì, ma sempre per merito vostro. L'avevate affascinato...

Mi misi a ridere.

— ... come state ora affascinando me. Ma, ditemi, non mi darete domani una risposta, circa la mia proposta di matrimonio? E' una cosa seria sapete...

Fortunatamente, qualcuno mi chiamava, dietro le mie spalle e ciò valse a troncare la discussione, per me imbarazzante e penosa.

— Signorina, un telegramma per lei!

Cooper ed io, infatti, ci eravamo fermati poco discosto dalla baracca che fungeva da ufficio postale, presieduta da un omino calvo dagli occhiali di tartaruga. Standosene affacciato a fumare un grosso sigaro, mi aveva scorto, ed ora sventolava verso di me il messaggio. Ne approfittai per congedare mister Cooper:

— Scusatemi — gli dissi porgendogli la mano — Ma vi ripeto che di questo argomento, non intendo per ora sentir parlare.

Mister Cooper non accolse male la mia dichiarazione, anzi ne parve abbastanza contento poiché, dopo tutto, era sempre per lui preferibile dei « no » categorici, che gli avevo sempre dato per risposta.

Partito Cooper, mi apprestai a leggere il telegramma. Era di Estrella: « Sono a Rio, da un mese circa. Debutterò il giorno 24. Non verrai a farmi coraggio? Avvertimi dei tuo arrivo. Sarò all'aeroporto ».

Il debutto della figlia di Pereira! Come mai me ne ero dimenticata, mentre quella cara fanciulla, mostrava invece di ricordarsi sempre di me? Decisi di partire subito per Rio. Entrai quindi nell'ufficio postale e telegrafai la risposta ad Estrella, avvertendola del mio arrivo con l'aereo postale del giorno dopo. Ciò fatto, andai in cerca di Giovanni.

— Ci lascia proprio, signorina? — mi chiese egli, un po' sgomento. — Però, ritornerà qui presto, vero? Questa è ormai la nostra città e lei ne è un po' la regina e la mascotte. Quando manca lei, mi pare che tutto vada male.

— Non abbia paura, signor Giovanni. Il petrolio continuerà a sgorgare, anche in mia assenza. Lei non avrà che da badare affinché i nostri operai siano trattati bene dalla Compagnia. È nel contratto e non ci sarà quindi da discutere. Quanto a me, sarà facile che intraprenda un lungo viaggio.

— Davvero, signorina?

— Vedete, Giovanni, troppi ricordi tristi mi richiama questa terra. Vorrei restare lontano, per qualche tempo...

Il signor Giovanni mi guardò con aria meditabonda, grattandosi la testa:

— Già, adesso che ci penso, lei è stata, in questi due mesi, sempre affabile con tutti, ma mai allegra. Proprio lei che avrebbe il diritto di essere più contenta di tutti!

Gli raccomandai di procurarmi per la mattina dopo, all'alba, un'auto con relativo guidatore, affinché potessi percorrere la strada per Aracajù, prima che il sole diventasse cocente.

Nel salutarmi, il brav'uomo era commosso:

— Stia di buon animo, signorina, e non si perda di fiducia. Verrà anche per lei il giorno della piena contentezza, ed allora sarà felice come lo fummo noi, quando vedemmo finalmente scaturire il petrolio!

Mentre tornavo alla mia casetta di legno, una specie di chalet prefabbricato, con qualche tentativo di civetteria architettonica, che Cooper aveva fatto a suo tempo costruire in poche ore per me, alzai gli occhi verso le stelle. Erano una meraviglia di splendore e sembravano, con il battito delle loro pupille, volermi sussurrare favolose promesse...

CAPITOLO 11

Quando il trimotore cominciò a planare su Rio de Janeiro, era già notte fatta e la città ci apparve laggiù, adagiata sulle rive della grande baia, tutta scintillante di luci, come una manciata di diamanti gettati, alla rinfusa, sopra un cuscino di velluto nero.

Mentre, alla luce dei riflettori, mettevo piede sull'erba dell'aeroporto, avvertii subito la carezza della molle e profumata aria di Rio. Una mano si agitò laggiù, fra le diverse persone in attesa e, poco dopo, Estrella mi stringeva fra le braccia, con la sua solita festosa cordialità.

Ravvisai in lei la tradizionale prudenza dei cantanti: malgrado che la notte fosse assai calda, Estrella si era munita di uno spolverino e di una lunga sciarpa di seta, con la quale si teneva accuratamente protetta la gola.

— Ceniamo insieme, Rossella?

— Senti, Estrella — le risposi — sono rimasta circa due mesi sepolta laggiù alla « Meseta », ed ora ricomincio a provare il piacere e, nello stesso tempo, il fastidio della civiltà. Ho intravisto, sull'aereo e nella breve sosta a Bahia, certe eleganze femminili che mi hanno fatto vergognare un po' dell'abito che indosso. Non vorrei fare brutta figura, all'albergo.

— Per me, sei sempre bella ugualmente — mi disse Estrella, con amabilità — però, se desideri rivestirti a nuovo, potremmo fare prima una capatina alla Rua de Ovidor. Là si trova una casa di mode che mi ha sempre servito lodevolmente.

Mentre l'auto ci portava attraverso la città, ne riconoscevo via via le caratteristiche. Ecco i mille colori delle sue insegne luminose; ecco le luci policrome della fontana di Piazza Parigi; ecco le lunghe eleganti avenide dai lussuosi negozi; ecco la notturna vita gioiosa. Com'erano lontani i profondi, sublimi silenzi della « Meseta » e le sue palpitanti stelle!

All'imbocco della stretta Rua de Ovidor, fermammo l'auto e, proseguendo pian piano a piedi, ci soffermammo davanti a quelle vetrine che, anni prima, mi avevano fatto tanto sognare. Mostre raffinate e signorili, magari d'un solo oggetto, d'una sola confezione, ma che pure in quel capo d'eccezione rispecchiavano il fasto e la ricchezza di quella città, nonché le illimitate possibilità finanziarie di una clientela internazionale.

Mi stupii io stessa, però, di non provare alcun particolare piacere, al pensiero che, ora, avrei ben potuto concedermi qualcosa, di quelle attraenti raffinatezze. Anzi, varcando la soglia della casa di moda raccomandata da Estrella, sentivo più noia che allegrezza, quasi a provarmi che l'animo umano non è mai interamente soddisfatto.

Una commessa ci condusse attraverso svariati salottini nei quali alcune eleganti bellezze della città, stavano provandosi abiti d'ogni foggia, riflessi da complicati sistemi di specchi.

Negli abiti che esse deponevano era la moda tramontata, in quelli che provavano era la moda che sorgeva e che sarebbe durata, anch'essa, il breve spazio di una stagione. Inorridii: l'abito che avevo indosso, non assomigliava né a quelli che esse scartavano, né tantomeno a quelli che provavano. Chissà dove ero rimasta io, con la moda!

Estrella mi consolò, ridendo della mia confusione. E' vero che nelle città sudamericane, vengono talvolta presi alla lettera certi strani modelli parigini, che paiono ancora più stravaganti dopo aver varcato l'Atlantico, ma ciò rimane pur sempre privilegio di un ceto limitato di persone. Gli altri possono benissimo accontentarsi di modelli più semplici, proprio come quelli che io andavo scegliendo: un tailleur da mattina, in gabardin e di seta chiara, un abito da pomeriggio e, infine, un costume elegante, ma non eccentrico, per i tuffi in mare.

Alla direttrice della Casa, una simpatica signora d'origine italiana, diedi poi l'ordinazione dell'abito da sera, di una certa distinzione, che avrei indossato al debutto di Estrella.

Così rivestita a nuovo, mi presentai con più coraggio al signorile albergo che avevo scelto, sul Rio Branco, e subito mi accorsi che l'abito mi stava bene, osservando l'espressione delle altre clienti ai mio passaggio.

Una bella camera con bagno, al secondo piano, mi soddisfece pienamente, poi scesi con Estrella in sala da pranzo.

— Fortunatamente ci sei tu a farmi coraggio — le dissi, mentre il cameriere ci guidava tra i tavolini. Cominciavo quasi a vergognarmi: tutto era lussuoso e signorile. Ben lontano dalla sfacciata e pittoresca eccentricità della « Copa d'Azul ».

Sinfonia di tovaglie candide e di abiti neri, cui faceva riscontro, ma in tono delicato, il colore un po' più vivace degli abbigliamenti femminili. Mi rallegrai di essermi provveduta di un dignitoso abito da mezza sera, mentre Estrella appariva già irreprensibile nella sua semplice ma perfetta toeletta scura.

— Credi che mi avrebbero ugualmente servita, a tavolino, se non mi fossi prima addobbata a dovere? — chiesi scherzosamente alla mia giovane amica.

— Avresti dovuto cenare in camera, cara mia — mi rispose ridendo Estrella — qui sono inesorabili al riguardo.

Smentita vivente a tale affermazione, fu la disinvolta entrata, proprio in quel momento, di un tale indossante una vistosa giacca a quadretti. Quel tizio non sembrava affatto imbarazzato di apparire « rara avis », in quell'impero dell'abito nero, e solo la faccia del cameriere che lo seguiva mogio mogio, esprimeva una rassegnata ma evidente disapprovazione.

Quando il nuovo venuto si fu sottratto ai giochi di luce dell'ampio salone e potei scorgerlo in viso, fui io stessa a sentirmi fremere: era mister Cooper! Lui solo infatti, con l'innocente maleducazione del businessman del Nord, avrebbe osato esprimere a voce così alta, in quel contegnoso ambiente, la sua gioia di rivedermi, mentre mi stringeva la mano fin quasi a stritolarla.

— Me l'avete fatta, miss Rossella! — esclamò. Quindi, rivolto al cameriere, gli ordinò di portare un'altra sedia, vicino alle nostre.

— Non disturbo. vero? Toh, siete ancora ai primi piatti. Mi potrò allora mettere presto in pari con voi, sono un buon commensale, sapete!

Estrella era allibita, ma non poteva tuttavia fare a meno di sorridere della giovanile disinvoltura di quell'americano, il quale, intanto, rialzava le proprie azioni nella stima del cameriere, allungandogli una buona mancia propiziatrice.

— Ma, dite, mister Cooper — gli chiesi — come avete potuto apprendere che ero diretta a Rio e conoscere il mio indirizzo?

— Non vi aspettavate che vi rintracciassi così presto, vero? Miracoli del mio fiuto! Appena mi fui accertato che alla « Meseta » non c'eravate più, sono corso dal signor Giovanni e l'ho messo alla tortura...

— Una tortura a base di bicchieri, suppongo.

— Precisamente. Egli confessò tutto ed io mi precipitai ad Aracajù. Di li a Rio, con il mio aereo, è stato uno scherzo. Pensavate di spassarvela qui, senza di me, non è vero?

— Spassarmela non è la parola esatta. Conto di assistere al debutto della signorina Estrella e...

— Debutto, avete detto?

Mi accorsi che, nella confusione del momento, non avevo fatto le presentazioni. Rimediai subito e mister Cooper fu presto entusiasta di Estrella.

— Dunque, voi siete la figlia del celebre chirurgo. Ma a quanto pare non vi accontentate delle glorie paterne e preferite percorrere una vostra propria strada. Benissimo, questo è molto bello ed americano. Ci sarò anch'io, allora, e mi farò sentire ad acclamarvi. Siatene certa, miss Estrella!

Estrella sorrise alla promessa di mister Cooper:

— Poiché siete un conoscente della mia amica Rossella, potrò ospitarvi nel nostro palco. Penso che vi siano ancora un paio posti liberi, dopo averne riservati due per mio padre e mio fratello, e altri due per la dottoressa Janssen e per il dottor Carvalho.

— E tua mamma, non verrà a sentirti?

— No, soffre di cuore, e mio padre teme per l'emozione che potrebbe procurarle il mio debutto.

— Benissimo! — intervenne Cooper. — Ma che altro dovete fare qui a Rio, signorina Rossella? Mi sembra che aveste accennato ad una faccenda...

— Si, mia cognata mi ha incaricato di comperarle una casetta. E' stanca di Recife, vuol ritornare a Rio e non posso darle torto poiché una « carioca » autentica, non può rimanere lungamente lontano dalla sua città.

Donna Consuelo, la padrona dell'albergo di Aracajù, mi ha appunto procurato l'indirizzo di una villetta in vendita. Siccome, però, sorge presso Copacabana, prevedo che non ci accorderemo facilmente sul prezzo.

— Andiamo a visitarla! — propose mister Cooper.

— A quest'ora? Siete matto! — Guardai l'orologio, erano ormai le undici e mezza.

— E perché no? Alla Copa fanno vita notturna. Se troveremo i padroni della villetta, bene, se no pazienza: sarà ugualmente una bella gita.

Guardai Estrella e la sua espressione mi parve favorevole al progetto. Lei ed il nordamericano, in fondo, presentavano qualche analogia di carattere: l'indole festosa, una certa teatralità di modi, ed un animo un po' infantile e sereno.

— Andiamo, dunque! — disse risolutamente mister Cooper, alzandosi e prendendo la direzione della spedizione. Estrella si coprì accuratamente, ed uscimmo. Con l'auto attraversammo Rio e ci volle una buona mezz'ora.

Finalmente, ecco il verde scuro addormentato delle numerose ville, poi la Copa, le sue luci ed il suo stordente profumo tropicale,

— Sapreste condurci a questo indirizzo? — L'autista scosse desolatamente la testa:

— C'è un tale dedalo di vie e viali, qui, che non mi so proprio orizzontare.

— Andate avanti, domanderemo a qualcuno.

Giunti quasi sulla linea bianca della spiaggia, bisognò fermarsi. Molto vicino, quasi sulla rena, sorgeva un buffo chalet ultramoderno, eretto sulle palafitte e con una scaletta tutta intorno che saliva sul tetto a terrazza. Lassù, alla luce della luna, c'era gente allegra che pizzicava la chitarra e cantava.

Mister Cooper si fece sotto ed urlò una domanda: alcune teste si sporsero dal parapetto, e, poco dopo, tutta una fila di persone si precipitò giù dalla scaletta, circondandoci con inattesa festosità:

— Cercate una casa da affittare a quest'ora? Rimanete qui con noi, faremo festa insieme!

Erano signore, signorine, giovanotti; chi in abito da sera, chi ancora in costume da bagno e sembravano veramente deliziati della nostra visita.

— No, prima il dovere — decise spartanamente mister Cooper. — Poiché siamo arrivati sin qui, dobbiamo andare a vedere la villetta in vendita.

— Allora, prendete la barca; farete più presto. Guardate, il posto che voi cercate è là, dove la costa ripiega, sotto quell'altura.

La costa laggiù era nera e deserta, come per contrasto allo scintillio di luci sospeso su Copacabana.

Subito, quelle allegre persone si diedero ad aiutarci ed una barca in secco, lì tra la rena, venne spinta in mare, tra urla festose. Cooper ed io ci mettemmo ai remi, mentre Estrella, dimentica delle sue precauzioni, sventolava la sciarpa per salutare i nostri cortesi informatori. Questi ultimi, evidentemente in stato di euforia bacchica, contraccambiarono con una specie di fantasia, saltellata sulla spiaggia, in nostro onore.

La notte, su quel tratto di mare deserto, ingemmato dalla luna, aveva l'irrealtà di un sogno. Le onde arrivavano adagio, schiumando, e, man mano che ci allontanavamo dalla riva, le bianche costruzioni sparse sul litorale e sepolte tra i giardini, si rivelavano ai nostri occhi. Persino le ghirlande dei lampioncini colorati, che si intravedevano laggiù, al Casinò, s'inserivano nel vasto quadro, pittoresco complemento alla gioiosa notte sudamericana.

Dopo una ventina di minuti, la barca accostò alla riva verso la quale erano diretti. Scogli neri e levigati, sorgevano dalla sabbia bianca ed una oscura macchia di bosco, si stendeva poco lontano, in declivio.

— Cerchiamo un passaggio — disse mister Cooper, con l'aria del navigatore — e attenti agli scogli!

A parte un notevole strisciamento della chiglia contro qualcosa di duro, mettemmo presto e felicemente il piede sulla rena, che scricchiolò sotto i nostri passi, in un solenne silenzio. La spiaggia era del tutto deserta ed anche i lumi di Copacabana, laggiù, sembravano ormai appartenere ad un mondo lontano.

— Dove sarà quella benedetta casa? — chiesi.

Esplorammo intorno e presto scoprimmo una rustica cala per barche ed una « Stella » che vi si dondolava. Il posto non era disabitato: la casa doveva quindi trovarsi nelle vicinanze.

Finalmente scorgemmo, su un piccolo promontorio coperto dalla vegetazione, il biancheggiare di un villino. Scossi il capo:

— Inutile andarci, tanto non è abitazione adatta per mia cognata!

— Ebbene — rispose mister Cooper — a me invece piace. Rechiamoci a visitarla, se non vi disturba.

Salimmo per un sentiero aperto tra cespugli che, lasciati a bella posta incolti, traboccavano con pazza esuberanza tropicale, fioriti di enormi corolle carnose, quasi fosforescenti sotto i raggi di luna che riuscivano a penetrare tra le fronde degli alberi.

Un piccolo Eden, di bellezze esclusivamente naturali e, in mezzo a quelle meraviglie vegetali, il piccolo grazioso villino.

— Ci sarà bene qualcuno in casa — disse mister Cooper, bussando e ribussando alla porta, ma nessuno rispose.

Girammo intorno alla costruzione e l'americano scoperse, guardando in su, che una persiana del piano superiore, non era completamente abbassata.

— Aspettatemi qui un istante.

— Che volete fare? — chiedemmo allarmate, Estrella ed io.

— Ora vedrete mister Cooper in azione. Noi entreremo ugualmente a visitare questa casetta.

Senza attendere risposta, il nordamericano si aggrappò ad un tronco di pianta rampicante abbarbicato al muro e con agilità veramente straordinaria per un corpo massiccio come il suo, si issò sul balconcino. Introdusse la mano sotto la persiana e la fece risalire un poco, tanto che egli vi potesse passare. Poi, si introdusse nell'apertura e sparì nell'interno.

— Poveri noi! — esclamò Estrella. — Va bene che qui alla Copa regna un eterno carnevale e molte cose sono lecite, ma questo mi sembra anche troppo!

Dopo un poco udimmo una persiana scricchiolare al piano terreno. Un brivido ci corse ratto per la schiena. Nulla di male; era soltanto il rosso viso del nostro mister che si affacciava, tutto soddisfatto.

— Halloo! — esclamò chiamandoci. — Ora vi apro la porta. E' un posto discreto, ci si starebbe bene.

Entrammo nella dimora sconosciuta, con un po' di batticuore e con la malcelata paura di vederci comparire davanti il proprietario, infuriato per l'invasione. Dentro, pur con i segni di un certo abbandono, tutto appariva accogliente, comodo e di buon gusto: arredamento di stile moderno, arieggiante una rusticità folcloristica, con mobili legge-ri e graziosi; tappeti di cocco dai vivaci colori e alcune maschere azteche dal mostruoso sorriso, appese alle pareti di un salotto.

Come è generalmente d'uso nelle villette destinate esclusivamente agli ozi ed alla libertà incondizionata delle vacanze, non esisteva qua-si distinzione di arredamento tra una camera e l'altra, ma ovunque era una profluvio di tappeti, di cuscini, di sdraio o di tavolinetti bassi. In un angolo, anche un pianoforte, un po' spaesato con la sua severità di linee.

Estrella gli si avvicinò subito: sul leggio, aperta, una riduzione del «Muskrat Ramble ». La fanciulla si sedette allo strumento e, poco do-po, le allegre note della « Passeggiata del topo muschiato », si spandevano a risvegliare gli addormentati echi della piccola dimora.

— La chiameremo cosi: « La casetta del topo muschiato » — esclamò mister Cooper, subitamente entusiasta, dondolandosi al mo-derno ritmo del pezzo musicale.

In un salottino, scoprii un caminetto, ironico come una risatina, nel dolce clima di Rio. Sulla finta cappa, un'iscrizione: « Ai confini del sogno, sta in agguato la realtà ».

Amara constatazione di chi aveva dovuto, chissà, abbandonare quel luogo di delizia, per un triste destino? Mi affacciai alla finestra: sì, il dolore arriva dappertutto, proprio come l'onda del mare giungeva laggiù alla spiaggia...

Mister Cooper non era invece in vena di filosofia. Dopo avere con attenzione ispezionato il posto, stava scrivendo un biglietto che poi depose, in vista, sul tavolino dell'ingresso: « Ho visitato questa casetta e mi è piaciuta. La compero. Il proprietario si rivolga al seguente indirizzo... ».

— Chissà che occhi faranno! — esclamò Estrella, battendo le mani.

Uscimmo che la luna era già calata dietro il dosso alberato, lasciando in ombra la spiaggia.

— Brrr, che freddo! — esclamò Estrella.

Sul far dell'alba qualche grado cala sempre, nella notte brasiliana; soffiava infatti una brezza leggera e fresca, se non proprio fredda.

Eravamo tutti un po' stanchi e sulle onde la barchetta procedeva adagio. Gli ultimi raggi della luna furono sufficienti per rivelarci a quelli della villa dai trampoli e, presto, sulla terrazza apparve un lume, manovrato a mo' di segnale.

Fu allora che Estrella si accorse, sentendosi bagnare le estremità inferiori, che un buon piede d'acqua copriva già il fondo della nostra barchetta. Gridò, con grande spavento, e noi due abbandonammo i remi, guardando esterrefatti l'acqua dell'Atlantico che entrava quietamente, con un ironico gorgoglio, da qualche piccola fessura della chiglia.

— Già, ricordate che la barca ha strisciato sodo, allo sbarco? — esclamò Cooper.

Niente di male, bisognava soltanto rassegnarsi a compiere un bagno fuori programma. Tutti e tre sapevamo nuotare, ma Estrella era desolata.

— L'acqua è fredda — disse, toccandola con un dito — un raffreddore non lo eviterò di certo.

Aspettammo che la barca fosse proprio in procinto di affondare, quindi ci gettammo in acqua. Qui ebbi però una sorpresa: io sono una provetta nuotatrice e di aiuto non ne avevo quindi bisogno. Mi aspettavo tuttavia che Cooper, in quel frangente, mi offrisse, per galanteria, l'ausilio delle sue possenti braccia. Niente affatto, il nordamericano si era invece precipitato subito ad aiutare Estrella, ottima nuotatrice lei pure, ed ora, sorreggendola, la spingeva verso riva, nonostante le sue proteste.

Constatata la cosa, che mi fece bere per la sorpresa una mezza pinta di acqua del golfo, non mi rimase che di sbracciare vigorosamente verso la riva, nel miglior stile permessomi dall'abito da sera.

Era la prima volta che mi capitava di trovarmi in acqua vestita di seta, e terrò buona l'esperienza, nel caso mi accadesse di naufragare, nel corso di una festa da ballo su qualche transatlantico!

L'acqua era piuttosto fresca e fummo perciò ben lieti quando riuscimmo a metter piede sulla spiaggia. Gli ospiti della villa, compreso l'autista del nostro taxi, erano lì tutti schierati ad attenderci, offrendoci con premura asciugamani ed accappatoi di spugna.

— Che idea originale, avete avuto! — esclamavano, ammirati, credendo, in buona fede, che avessimo naufragato di proposito, per rendere più spettacolare il nostro arrivo.

— Sento che la voce sta andandosene — gemette Estrella, drappeggiandosi in un'enorme vestaglia di spugna.

— Provatevi a cantare — le consigliò il più saggio della villa, quando seppe il motivo della sua preoccupazione.

La voce della fanciulla non appariva, invero, minimamente incrinata. Ritta in piedi sulla spiaggia, avvolta nell'accappatoio, essa aveva attaccato il « Sul fil d'un soffio etesio », del Falstaff di Verdi. La sua voce fluiva limpida e chiara, come quella di una fata.

Un subisso di applausi accolse la fine della romanza.

— Ancora, ancora — pregarono tutti.

Se il paesaggio sembrava quasi irreale, come un scenario di fiaba, l'uditorio improvvisato appariva altrettanto strano. Ci eravamo seduti in circolo, sulla rena bianca: vicino a me era una fanciulla in pantaloni neri, biondissima, una fascia rossa in vita, più in là, un giovanotto dinoccolato, in pigiama viola, una matura signora con occhiali, un uomo dal naso a becco, vestito tutto d'azzurro e in testa, chissà perché, un turbante. Poi, altri stravaganti abbigliamenti e insolite fisionomie, rese più indefinite dall'ombra della notte.

Estrella cantava, e la voce era purissimo cristallo. Vedevo nella semi oscurità il suo volto rotondo, chiaro, con gli occhi lucenti, i riccioli neri a corona, la mano bianchissima che, nell'ansia del canto, tormentava la crocetta d'oro pendente dal collo.

Su, nel cielo, brillavano tante stelle...

CAPITOLO 12

« Ai confini del sogno, sta in agguato la realtà ». La frase letta là, nel villino del Topo muschiato, in circostanze così strane, mi tornava insistente alla mente proprio quando, davanti allo specchio, stavo provandomi l'abito che avrei indossato quella stessa sera, a teatro, in occasione del debutto di Estrella.

Un bellissimo modello, creato da mani di fata e degno di una Cenerentola più bella e più buona di me. Di tulle color miele e luccicante di pagliuzze d'oro, esso faceva risaltare per contrasto la mia pelle, brunita dal sole della « Meseta ».

Mi ammiravo, involontariamente, ma dal fondo dell'anima saliva una domanda, bruciante come lama di fuoco, « Sì, ora sembri più bella, ma che ti giova? ».

— Non le piace, forse, signorina? — mi chiese la sarta, venuta a consegnarmi l'abito, scorgendo poco entusiasmo nei miei occhi.

— Oh, certo! Il vestito è meraviglioso, ma le cose umane, anche se perfette, non sempre bastano a renderci felici.

— Deve essere invece contenta, signorina. Questa sera farà certo una grande figura, e sarà ammirata da tutti!

Poteva darsi, ma dopo... una volta cessata la breve gioia di aver indossato per una sera quell'abito lungo e bellissimo? Oh, Patrick, Patrick! Una lacrima mi sgorgò dagli occhi e cadde dritta sulla mano della sarta, inginocchiata a terra per qualche ritocco alla gonna:

— Perché piange, ora, signorina? — Era una donna già grigia, piccola con grandi occhiaie incavate dal troppo cucire. Vedermi piangere, in fondo, soddisfaceva forse la sua indole intimamente romantica.

— Avrei sempre creduto che si dovesse esser felici, ricche e belle come è lei; invece... ma credo di poterla comprendere, signorina!

Stavo per risponderle, quando udii bussare. Era la cameriera di piano, con una lettera.

— Sapevo che non sarebbe scesa che più tardi, ed ho voluto portargliela io stessa.

— Grazie.

La lettera proveniva da Recife, ma la calligrafia dell'indirizzo non mi era famigliare. Con un po' d'ansia, aperta la busta, andai subito alla firma posta in fondo al foglio e lessi: « la sua affezionata Eleonora Crivelli ».

A questo nome, molti ricordi si presentarono alla mia mente: il povero quartiere di Santa Amaro, la bambina dei tacchi alti, le buone parole e l'ardente spirito di carità di quella donna veneta...

E, insieme a queste rievocazioni, anche un po' di rimorso per non aver ancora dedicato né un pensiero, né un aiuto concreto, ora che potevo, a quell'opera benefica che pure aveva, allora, suscitato in me tanti buoni proponimenti.

I mezzi mi erano giunti abbondanti, in modo quasi miracoloso, ma come li avevo finora impiegati?

Saresti tu dunque, quella del « dico, ma non faccio? » mi rimproverai con severità « e poi ti lamenti se la tristezza si annida nel tuo cuore, se un avvenire senza Patrick ti si presenta oscuro e insopportabile. Non sai dunque, che solo andando incontro alle sofferenze del prossimo, si possono lenire certi nostri dolori? »

Ma, che poteva dirmi, la Crivelli? Con curiosità i miei occhi si posarono sui chiari e gradevoli caratteri dello scritto.

« Gentile signorina — diceva la lettera — con grande stupore e gioia, il nostro parroco ha ricevuta, circa una settimana fa, la somma di cinquantamila dollari da lei inviata per terminare la costruzione, iniziata e poi abbandonata, della «Casa della Fanciulla ». Mi scusi se abbiamo tanto tardato a ringraziarla, ma noi tutti del comitato, avevamo perso un po' la testa davanti alla bella somma che ci arrivava, tutta d'un colpo ed in maniera insperata ».

« Prima di tutto, ci siamo preoccupati di far riaprire il cantiere, cosicché gli operai hanno già cominciato a lavorare e noi contiamo che, fra sei mesi circa, la casa sarà non solo costruita, ma completamente arredata, e pronta a ricevere le povere bimbe del quartiere, esposte a tanti pericoli, come lei ha avuto occasione di constatare ».

« Abbiamo saputo che ora lei si trova a Rio e le mandiamo quindi questa lettera per dirle che l'aspettiamo qui. Vogliamo ringraziarla a voce e benedirla, perché con un semplice scritto non riusciremmo certamente ad esprimere tutto quello che proviamo per lei. Quanto a me, posso ora davvero considerarmi contenta, poiché vedo finalmente realizzarsi l'opera che tanto mi stava a cuore. Dio la benedica, signorina ».

Terminata la lettera, rimasi annichilita dallo stupore: a meno che avessi agito in stato di sonnambulismo, ero assolutamente sicura di non aver ancora mandato nulla al parroco del « Sacro Cuore ». Cinquantamila dollari, a mio nome? Da che parte erano giunti e chi mai sapeva delle mie intenzioni?

Che Estrella, forse, alla quale mi ero confidata, in quella famosa sera di carnevale, si fosse sostituita a me nel realizzare il mio sogno di carità? Dovetti però scartare subito l'ipotesi: la fanciulla, per sua stessa asserzione, si trovava a Rio da oltre un mese e, inoltre, non possedeva tanto danaro.

Si trattava infatti di una grossa somma, ed io stessa non avrei potuto disporne d'un colpo. Impensierita e disorientata, mi sedetti, provocando gli strilli della sarta:

— Un po' d'attenzione per la sua gonna, signorina, mi raccomando!

Tornai alla realtà: comunque fossero andate le cose, ora dovevo pensare ad altro, poi avrei provveduto a chiarire la faccenda. Ogni ora della vita ha i suoi doveri; quella sera dovevo rendere onore ad Estrella: assistere al debutto ed esserle vicina per rincuorarla, se occorresse. Anche gli abiti belli, possono talvolta servire a qualcosa di pratico.

Il tempo incalzava e, oltre a tutto, non ero affatto abituata a camminare con un abito così largo e frusciante, come quello che avevo indosso.

Uscita la sarta, feci un paio di volte il giro dei miei due locali, studiando davanti allo specchio gli atteggiamenti da prendere. Mi sentivo tutt'altro che disinvolta, ma mi consolava il pensiero di avere per cavaliere mister Cooper, che di disinvoltura ne possedeva anche per me.

Calze, scarpette, guanti, rose alla scollatura ed un boccio anche nei capelli: tutto perfetto! Indossai da ultimo la cappa di pelliccia bionda che, tra parentesi, mi procurò subito un gran caldo, nella soffocante notte tropicale. Quindi scesi al piano terreno, cominciando a cimentarmi nella signorile naturalezza che mi ero proposta, sotto lo sguardo ammirato del lift dell'ascensore.

Mister Cooper ingannava l'attesa rinforzandosi, al buffet, con un paio di panini imbottiti ed un bicchiere di birra.

— Siete meravigliosa! — esclamò al mio arrivo, inchinandosi, senza ombra di imbarazzo per la bocca piena che gli impediva quasi di parlare. — Gradite qualcosa? No...? Scommetto che avreste il coraggio di recarvi a teatro a stomaco vuoto!

— Non ho appetito, grazie. Ma voi, finite pure con calma — dissi, sedendomi ad un vicino tavolino, ed ordinando un caffè ristretto.

— Vi ringrazio. Man mano che vi conosco, sempre più vi considero il prototipo della moglie ideale. Voi non vi comportereste certo come quelle donne che umiliano talvolta il marito rimproverandolo perché mangia come un... sì, insomma, come un suino. A proposito di animali, vi ricordate il villino del « Topo muschiato » ?

— Oh, non lo dimenticherò facilmente, specie per il modo con il quale me l'avete fatto visitare. Si è fatto vivo, il proprietario?

— Questa mattina stessa. Come capirete, era ben curioso anche lui, di conoscerci! Abbiamo discusso un po' sul prezzo e, tutto sommato, mi è costato parecchio, ma ora il villino è mio, o meglio, nostro, se acconsentiste...

— Mister Cooper!

— Ma sì, miss Rossella, non vi piacerebbe? — incalzò lui, ormai tutto infervorato, chinandosi verso di me, e non tralasciando nel contempo di masticare. — Noi due soli, là in quel nido tropicale e selvaggio, in faccia all'Atlantico?

Non riuscivo mio malgrado, ad indignarmi, per quel suo strano modo di condire il sentimentalismo con bocconi di sandwich e sorsate di birra. Io, però, che mi sono sempre reputata una discreta osservatrice, avevo notato lo strano modo con cui egli si era istintivamente comportato in occasione del naufragio della barca, precipitandosi ad aiutare Estrella, piuttosto che me. Inoltre avevo notato, anche, l'aria ebete assunta dall'americano quando la fanciulla, nella fantastica scena della spiaggia, stava cantando.

Non potevo sbagliarmi: se c'erano due tipi fatti l'uno per l'altra, quelli erano certamente mister Cooper ed Estrella, ambedue festosi e allegri per quella naturale inclinazione alla gioia, che è propria alle persone non ancora provate da dolorose traversie.

Io invece, benché molto più giovane d'anni di Cooper, mi sentivo, in un certo modo, più matura. Troppi dolori avevano inciso sulla mia anima: la perdita prematura dei genitori, la lontananza della patria, la morte di mio fratello e, infine, la tragedia di Patrick. Non avrei davvero potuto essere la compagna ideale, per un uomo ancora così superficiale.

— Mister Cooper — gli chiesi con improvvisa decisione — siete ben sicuro che io sia proprio il tipo adatto per voi o non piuttosto per un tipo come... dico così a caso, come Estrella?

La mia domanda parve colpirlo:

— Eh... cosa dite? La signorina Estrella?

Sembrava perplesso, come se io avessi improvvisamente illuminato un recesso insondato del suo animo. Ma compresi che nella sua mancata reazione, c'era già l'immagine luminosa e canora della fanciulla che portava il nome del più splendido ornamento della notte: la stella!

Egli sarebbe certamente ritornato in argomento, se in quel momento non avesse distolta la nostra attenzione un certo scompiglio tra i camerieri. Questi ultimi sembravano, infatti, impegnati a contrastare il passo a qualcuno che voleva entrare a viva forza nel salone del ristorante. Vanamente, peraltro, poiché poco dopo alcuni individui, rossi e scalmanati per la battaglia vittoriosamente sostenuta, fecero irruzione, lanciandosi tra i tavolini ancora deserti.

Inorridii, scorgendo di quali mezzi quegli individui erano armati: taccuini e macchine fotografiche!

— Stia ferma, signorina, prego, sorrida, di tre quarti starà benone... — Quei tipi ci furono addosso e, prima che potessimo riaverci dalla sorpresa, inginocchiatisi o saliti sui tavolini, essi ci avevano già fotografati in tutti i sensi. Dopo i fotografi, si fecero naturalmente avanti quelli dal taccuino:

— Lei signorina è dunque una delle due fortunate proprietarie dei nuovi giacimenti di petrolio... Ci racconti qualcosa per i lettori del... « Diario Carioca », del « Correio da Noite » e così via. E' dunque vero, ci dica, che...

Questa volta i giornalisti mi avevano irrimediabilmente bloccata. Quando ero alla « Meseta » avevo i miei operai per difendermi, ma ora c'era solo mister Cooper, occupato a redarguire severamente i fotografi per averlo preso a tradimento, in atteggiamento volgarmente famelico, con mezzo panino che gli usciva dalla bocca.

— Lei, mister, l'abbiamo già ritratta centinaia di volte — si scusavano i fotografi. — La signorina, invece, è sempre riuscita a sfuggirci. Ma oggi siamo stati fortunati: così bella, in abito da sera... Ecco, ancora una volta, prego sorrida!

Lasciai fare, senza reagire, anche perché una frase di uno dei giornalisti, mi aveva paralizzata:

— Abbiamo saputo della sua munifica elargizione per la costruzione di una casa destinata alle fanciulle, a Recife, baluardo e difesa contro la corruzione ed il vizio dei bassifondi. Tutti i giornali di laggiù ne parlano, che può dirci, in proposito?

I bravi giovanotti non immaginavano certamente quale tasto erano andati a toccare. Che cosa potevo dire, che quel denaro per l'erigendo baluardo contro il vizio, ecc.... non l'avevo dato io? Me la cavai con poche caute parole e, quindi, colsi la palla al balzo, come si dice, per fare un po' di pubblicità anche alla mia amica Estrella: « Sì, la figlia del celebre chirurgo, la cantante al cui debutto avrei assistito quella sera stessa! ».

I giornalisti, felici dell'insperata fortuna, se ne andarono poco dopo, lasciandomi stremata come se avessi sostenuto una battaglia.

Mister Cooper, invece, era lieto e soddisfatto. Lui, era abituato alle interviste. In mia assenza, infatti, all'epoca della clamorosa scoperta del petrolio, i giornalisti si erano gettati su mia cognata Dolores e su mister Cooper, l'accorto businessman nordamericano, che aveva assicurato alla propria compagnia petrolifera lo sfruttamento del ricco giacimento.

Mister Cooper, roseo, florido, sorridente, era apparso su tutti i giornali, reso con particolare felice esito dalle riviste illustrate a colori.

Intanto però, con la perdita dì tempo causata dall'intervista, si era fatto tardi e, dopo una corsa in auto, alla maggiore velocità consentita dall'affollamento delle strade, giungemmo al teatro proprio all'inizio dello spettacolo.

Fortunatamente, essendo ospiti di un palco, non avremmo disturbato nessuno. Salimmo l'ampio scalone, tutto stucchi ed oro, fiancheggiato da grossi candelabri e coperto da un folto tappeto amaranto; quindi la maschera che ci precedeva aperse uno dei piccoli usci color crema che davano accesso ai palchi. I trilli e le note spumeggianti del duetto Susanna-Figaro, della prima scena, già si spandevano nella cavea del teatro.

Entrammo in silenzio, accomodandoci, dopo un breve cenno di saluto collettivo, nei posti rimasti liberi. Avrei voluto scusarmi con i miei ospiti per il forzato ritardo, ma non credetti opportuno disturbare la commozione che, sia pure per motivi differenti, la musica di Mozart stava suscitando in loro.

Pereira era là, al posto migliore, ed il suo profilo un po' tagliente emergeva dal buio del palco, illuminato dalla luce del palcoscenico. I suoi lineamenti erano immobili, tesi e mi parve d'indovinare lo spasimo dell'attesa che doveva attanagliare il suo cuore di padre. Fra poco, anche Estrella sarebbe entrata in scena, nei panni del vispo e leggiadro paggio Cherubino e per la prima volta la sua voce sarebbe stata ascoltata e giudicata dall'esigente pubblico delle « prime ». Pubblico che a Pereira doveva ora ben sembrare un mostro, pronto a divorare la sua « bambina ».

Io, però, mi sentivo tranquilla, al riguardo. Avevo ultimamente sentito Estrella cantare sulla spiaggia di Copacabana e prevedevo che una tale voce, se la fanciulla non si lasciava prendere dal panico, avrebbe certamente conquistato il pubblico, come già aveva mandato in visibilio gli strani ospiti della villa sui trampoli.

Seduta di fronte a Pereira, le bianche e ben tornite braccia sul davanzale del palco, coperto di velluto rosso, stava Suzanne, in abito di laminato azzurro cobalto, che le modellava splendidamente il bellissimo busto.

Accanto a lei ed a me, c'era Francisco. Si, proprio il caro Francisco, che già mi aveva rivolto ripetutamente i suoi occhi bovini, deluso che non gli sorridessi.

Ma, accanto a Pereira, chi c'era? Avevo a tutta prima giudicato che fosse un ospite a me sconosciuto, al quale non avevo dapprima posto attenzione. Però, guardando meglio...

Mi sporsi leggermente, aguzzando gli occhi nella semi oscurità del palco e sorpresi un suo movimento, come un celarsi tra le pieghe dei panneggi rossi... poi scorsi due occhi azzurro chiaro, un viso diafano, da convalescente: Patrick! Era un sogno, un'illusione?

Risuonò soffocata, dalla parte di Suzanne, una risatina un po' ironica ed allora mi sembrò che tutto il teatro girasse intorno a me. Poi vidi Pereira, voltarsi e sorridermi paternamente, mormorando:

— Non se lo aspettava, signorina, dica la verità!

E come avrei potuto aspettarmelo! Oh felicità, o sogno della mia vita, che cosa ho fatto io per meritare tutto questo?

Il volto del mio ragazzo, smagrito dalla malattia fino all'ultimo, era tutto grinze, ma grinze festose, non più amare, raggruppate intorno al sorriso birichino degli occhi.

« Te l'ho fatta! », parevano dire quegli occhi, ed io ero contenta, contenta. E la mia gioia, lo sentivo, avrebbe riempito tutta la mia vita. Anche quando sarò vecchia ed immusonita, basterà che mi rammenti di quell'istante, per rallegrarmi e sorridere.

La voce di Cherubino, alias Estrella, mi colse di sorpresa. Allungai il collo, poiché dal mio posto si scorgeva solo un lembo del palcoscenico: ecco laggiù la gentile figurina di Estrella, che quasi non riconoscevo, nel vestitino azzurro chiaro da paggio: collaretto di pizzo, scarpine di coppale. E con che scherzosa disinvoltura, sapeva simulare il galante ardore del paggio adolescente! E la sua limpida voce argentina, che sembrava una cascatella di perle, come bene reggeva il confronto coi già celebri ed esperti cantanti che le stavano di fronte!

Constatato tutto questo, ritornai a guardare Patrick, poiché anche lui contemplava me e, nel nostro muto linguaggio, quante cose ci dicevamo, mentre la musica di Mozart, faceva il contrappunto alla voce dei nostri cuori!

Ci riscuotemmo solo allo scroscio dei battimani che chiudeva l'atto. E subito ci fu possibile valutare la misura del successo personale ottenuto da Estrella, dal numero di acclamazioni a lei dirette, tra gli applausi a tutti gli interpreti. Il cavalleresco pubblico brasiliano, evidentemente, era rimasto sedotto ed entusiasmato, oltre che dalla sua purissima voce, perfettamente intonata al clima mozartiano dell'opera, anche dalla sua gentile e quasi fanciullesca figuretta.

« Estrella, Estrella! », la chiamavano già tutti confidenzialmente, e questo era davvero un buon segno.

La più grande soddisfazione della fanciulla, però, sarebbe certamente venuta dalla pura gioia che si scorgeva sul volto di Pereira. Lasciammo che egli, con Francisco, ci precedesse, durante l'intervallo, al camerino della nuova cantante, e ci fermammo un po' a chiacchierare nel palco, noi tre, poiché Cooper aveva preferito fare una ricognizione al bar: per chiarire le idee, diceva lui.

Io, poi, avevo particolarmente sospirato questo momento, sia per poter finalmente parlare con Patrick, sia per chiedere certe spiegazioni di cui sentivo gran bisogno.

— Che devo dirti, Rossella — esclamò Suzanne, lisciando il lucido raso del suo bell'abito. — Il tuo caro Patrick ha la pelle dura, ecco tutto!

— O per meglio dire — intervenne lui, ridendo — malgrado le vostre cure, sono ancora presente quaggiù, deciso ormai a rimanerci.

— Sta di fatto — continuò la dottoressa — che qualche giorno dopo la tua partenza, egli ha cominciato a migliorare e, finora almeno, non sembra che il male abbia a riprodursi ancora.

— Sono state le tue preghiere, Rossella! — sussurrò Patrick con aria assorta, ed io capii che egli, in quel momento, non alludeva tanto alla sua guarigione fisica, quanto al suo ravvedimento spirituale.

I nostri occhi si incontrarono, ed un intimo inno di riconoscenza e di benedizione unì in quel momento le nostre anime.

— Come vi piace — ammise Suzanne. — Ma questo non toglie, però, che Patrick avrebbe fatto bene a starsene a Recife. E' assai debole e lo vedi bene, Rossella, in che stato è ridotto. Ma lui no, ostinato come un bambino: « Vengo anch'io! ». All'ultimo momento Pereira ha acconsentito e allora l'abbiamo issato sull'aereo; un miracolo, comunque, è stato quello di avergli trovato un abito nero che gli andasse bene, magro com'è.

— Ma la sorpresa, che mi è giunta così gradita, chi l'ha architettata?

— Estrella — rispose Suzanne, ridendo. — Quella ragazza è un tipo fatto a suo modo. Non appena ha saputo che Patrick sembrava migliorare, si è raccomandata attorno perché non ti si scrivesse nulla, ed infine ha messo in testa a Patrick di assistere al suo debutto. A proposito, manca una quindicina di minuti al secondo atto, vogliamo andare a rallegrarci con lei del suo successo?

Prima di scendere, facemmo una capatina al bar per prelevare mister Cooper e lo trovammo semisepolto in un enorme mazzo di rose che aveva appena comperate dalla fioraia del teatro, saccheggiandole il banco.

— E' un intero giardino che avete tra le braccia, mister! — esclamai ridendo.

— Sapete, è per Estrella; mi pareva che... — ed il buon uomo arrossiva fino alla radice dei capelli.

— Avete fatto benissimo — lo rincuorai. — Estrella sarà felice del vostro omaggio.

Non era, del resto, quello di Cooper, il primo regalo floreale ricevuto da Estrella: nel suo camerino già si circolava a stento ed altri fiori sopravvenivano, ad attestare l'ammirazione dell'ardente pubblico brasiliano. Nondimeno la fanciulla accolse le rose del nostro buon amico, con viva gratitudine e, mi parve, anche con una certa dose di adorabile imbarazzo. Un imbarazzo che diceva pur qualcosa. Scorgendomi con Patrick, essa abbandonò tutto per corrermi incontro ed abbracciarmi stretta stretta:

— Il vedervi insieme è per me il più bel premio della serata!

Solo allora mister Cooper parve comprendere, ciò che di occulto per lui era accaduto nel palco, poiché esclamò, guardandomi stupefatto:

— Ma, allora, lei signorina Rossella... e mister Patrick...

— Sì, caro Cooper, avete proprio indovinato!

Gli dispiacque il fatto? Non tanto, mi parve: l'enorme mazzo di fiori che si era portato dietro per Estrella, aveva un chiaro significato...

Frattanto, avvicinandosi il principio del secondo atto, la fanciulla ci pregò di lasciarla sola. Voleva concentrarsi un attimo, prima della nuova fatica. Uscendo, però, feci in tempo a notare che essa aveva staccato una rosa dal mazzo di Cooper e se l'era appuntata sul costumino da paggio, forse perché meglio l'ispirasse e le portasse fortuna...

Inutile dire che alla fine di ogni atto si rinnovarono gli applausi e gli atti d'omaggio alla nuova cantante. Un vero successone. Specialmente la gioventù era entusiasta di Estrella e le acclamazioni ed i complimenti che le lanciavano mentre essa si presentava con gli altri artisti alla ribalta, con un grazioso inchino, erano un eloquente saggio della galanteria meridionale.

Mister Cooper non si lasciava certamente soverchiare, in una gara di tal genere, e qualche volta dovetti temere che, trasportato dall'entusiasmo, rinforzato da un paio di bicchierini bevuti alla fine di ogni atto, egli precipitasse in platea.

E in tale lieta atmosfera, finì lo spettacolo. Nell'atrio ci separammo: Pereira e Francisco avrebbero aspettato la fanciulla, con la quale alloggiavano in casa di persone amiche, mentre Suzanne e Patrick sarebbero venuti con me al mio stesso albergo.

— Ehi, ragazzi! — esclamò scherzosamente il clinico, rivolto a me ed al suo paziente. — Fate giudizio, mi raccomando.

— Non tema, signor Pereira — rispose ridendo Suzanne, indossando la sua meravigliosa cappa di ermellino, che le dava, sull'abito azzurro e serico, un'aria da regina. — Alloggio anch'io al loro albergo, e farò loro da « chaperon ».

Ci stipammo in un'auto pubblica. Era già l'una di notte, ma tuttavia, come sempre nelle città sudamericane, la vita ferveva intensa nelle vie principali.

Gli strilloni gridavano le ultime edizioni dei giornali, che escono dopo mezzanotte:

« Intervista con la proprietaria del giacimento di Sergipe! Sua grossa elargizione in beneficenza e suo prossimo matrimonio con un ricco magnate dell'industria petrolifera! ».

— Che razza di fanfaluche vanno propagandando? — esclamai. Anche mister Cooper doveva esserne allarmato poiché, seduto vicino all'autista, fece fermare la vettura e comperò due copie del giornale, ancora fresco di stampa, porgendomene una.

In prima pagina c'era proprio la mia immagine e quella di mister Cooper, chinato verso di me, con un panino in mano. Guardai istintivamente Patrick, e lo vidi pallidissimo, stanco:

— Patrick, non crederai una parola di quello che c'è scritto qui, vero? E' una stupida menzogna!

La sua voce parve venire da lontano:

— Io sono povero, ormai...

— Che dici! Sai bene che questo non ha alcun senso, per me...

Povero! Non che la cosa mi importasse minimamente, tutt'altro, ma, connettendo le idee, un sospetto mi attraversò la mente.

— Dimmi, Patrick. Qui c'è scritto che io ho fatto un'elargizione, ma non so veramente spiegarmi questa faccenda...

Un risolino di Suzanne mi fece volgere il capo, ma ormai era troppo tardi per attendere una risposta: eravamo giunti e si doveva smontare.

Nell'atrio dell'albergo, però, mentre la Janssen si occupava dell'alloggio e mister Cooper, con la solita disinvoltura, andava dritto dritto al bar, assalii ancora Patrick:

— Tu credi davvero al mio matrimonio con il magnate?

— Io sono povero — ripeté lui con ostinazione. — Non ho più' nulla, mi hanno persino dovuto pagare il biglietto dell'aereo...

Suzanne, staccandosi dal banco del portiere capì, dal nostro viso rannuvolato, che c'era nell'aria odor di burrasca:

— Dico, non comincerete proprio adesso a litigare.

— Patrick crede a tutto quello che è stampato su questo giornale. Invece non è vero nulla, niente matrimonio, e niente elargizione. Purtroppo, avevo qualche intenzione, riguardo a quest'ultima, ma...

Suzanne si mise a ridere, proprio di cuore:

— Credo bene che non l'hai fatta tu, dal momento che li ho portati io quei dollari, per conto di Patrick, ma a nome tuo, Rossella.

Per conto di Patrick? Come non ci avevo pensato prima: si trattava dello stesso denaro che io avevo recentemente fatto recapitare a Patrick, quale rimborso del prestito da lui fatto all'impresa della « Meseta ».

— Sì — continuò Suzanne — anche questo mi ha fatto fare il tuo amato ragazzo: compiere un'opera di beneficienza, sia pure per incarico altrui!

— Patrick — esclamai — hai fatto proprio bene! Hai rimediato alla mia dimenticanza. Quei cinquantamila dollari...

— Quarantamila dollari! — corresse egli. Tutti e due guardammo interrogativamente Suzanne. Essa sembrava imbarazzata e si accarezzava il viso col bavero di pelliccia, come per nasconderne l'espressione.

— E' andata cosi — confessò infine — quel vostro sacerdote o parroco, non so bene, mi parlava in una certa maniera... insomma, ho voluto aggiungere qualcosa di mio, perché l'opera andasse a compimento.

— Suzanne, sei tanto buona!

Avrei voluto abbracciarla, ma essa si schermì, riprendendo il suo solito atteggiamento professionale.

Mi rimaneva, però, ancora una curiosità da soddisfare:

— Scusami, Patrick, ma come hai saputo della mia intenzione? Forse te ne parlò Estrella?

— Precisamente. Cominciavo a star meglio, ed un filo di speranza si insinuava nel mio animo, quando essa venne a trovarmi. Avevo appena ricevuto i tuoi dollari e mi venne in mente di adoperare quel denaro per qualche scopo benefico. Pensavo che, privandomi della mia unica risorsa personale, avrei potuto forse ottenere maggior grazia dall'alto.

« Estrella mi raccontò allora di un certo asilo, o scuola che sia del quale tu le avevi parlato con entusiasmo. In seguito, pregai Suzanne di occuparsene ed essa acconsentì, dopo qualche esitazione. Il resto ti è noto.

Il tono di Patrick era, però, sempre sostenuto. Si capiva che non mi aveva ancora perdonato quella tale fotografia apparsa sui giornali. Esasperata, porsi il foglio ad Suzanne:

— Ti sembra il viso di un uomo innamorato, questo?

— Povero mister Cooper, l'hanno colto in un atteggiamento veramente poco felice! Non ha proprio l'aria di farti la corte, cara Rossella. Sembra piuttosto occupato a divorare panini imbottiti. E poi, per essere franca, a me sembra che quel nordamericano sia innamorato di Estrella. Un uomo in condizioni di spirito normali, non avrebbe girato nei corridoi del teatro con un intero roseto tra le braccia.

— Del resto — ripresi — so ben io, Patrick, quello che ho sofferto durante la tua degenza alla clinica. E' stata un'aspettativa disperata ed angosciosa; qualsiasi sospetto sul mio comportamento non potrebbe essere che ingiusto e immeritato...

— Per carità, non andiamo nel tragico! — intervenne Suzanne. — Ora basta, a nanna, piccoli miei!

Mentre l'ascensore saliva, Patrick mi prese una mano:

— Scusami, Rossella, ho sbagliato, ma non è tutta colpa mia. Sono stanco... non connetto bene le idee.

Pallido, con gli occhi cerchiati, si capiva che si reggeva in piedi a forza di volontà. Prima di uscire dalla cabina, strinsi la mano al mio povero ragazzo. E la stretta voleva dire:

« Presto... presto saremo uniti per sempre! ».

CAPITOLO 13

Sei mesi dopo, in una limpida mattina, una grande folla, forse una buona metà degli abitanti di Santa Amaro, si accalcava, con l'entusiasmo tipico dei popoli meridionali, sempre pronti a far festa, sulla scalinata di un nuovo edificio tutto bianco.

In prima fila erano le ragazze del rione, alcune delle quali avevano già visitato con ammirazione le sale interne, i luminosi laboratori, la bella palestra per la ginnastica, la biblioteca, offerti ai loro svaghi ed ai loro lavori.

Non tutte le fanciulle, naturalmente, perché alcune di esse non avevano potuto, o voluto essere presenti. Ma bastava che esse sapessero che in quel moderno edificio, inseritosi nelle povere e talvolta equivoche vie del quartiere, a qualunque ora del giorno e della notte, avrebbero trovato protezione, ricovero e cibo.

E questo senza che alcuno domandasse loro qualcosa, perché non un essere umano, ma la Madonna stessa, era la soave padrona di casa...

Ma due erano le cerimonie in programma per quella mattina poiché, dopo la benedizione dell'edificio, un altro rito si stava celebrando, nella piccola cappella interna, traboccante di fiori, il mio matrimonio con Patrick!

Sei mesi di ansiosa attesa erano passati. Ma man mano che l'edificio di Santa Amaro andava completandosi, noi vedevamo consolidarsi anche la salute di Patrick e, non apparendo più traccia del suo temibile male, egli poteva ormai considerarsi definitivamente guarito.

Ora, tutto era compiuto: eravamo uniti per tutta la vita! Voltandomi, dopo la benedizione finale, potei scorgere, attraverso un velo di lacrime, la commozione dipinta sul viso dei convenuti.

Estrella, ritta accanto al padre, graziosa più che mai nell'abito azzurro pastello, coi riccioli neri incorniciati dall'ala di un cappellino guarnito di rose, si asciugava furtivamente gli occhi, volgendo di tanto in tanto un languido sguardo a mister Cooper, poco lontano. E il buon nordamericano, magnifico nell'abito dal taglio impeccabile, ricambiava teneramente le occhiate.

Non c'era da stupirsi di tutto questo: egli e la celebre cantante Estrella Pereira, dopo sei mesi di trionfi si poteva ben chiamarla cosi, erano ormai prossimi al matrimonio.

C'era poi Suzanne, splendida di biondezza e di eleganza, ammirata da tutti, con il viso contento, anche se la sorte l'aveva posta vicino al dottor Carvalho, il suo antagonista. E come per contrasto, di fianco a lei, mia cognata Dolores, pallore latteo di creola, lampo vivido di orecchini d'oro sulla capigliatura bruna, rivaleggiante in sfarzo con la moglie di Pereira, la pomposa donna Caterina.

Accanto a loro, l'eleganza domenicale dei miei vecchi operai, i bravi ragazzi della « Meseta ». Avevano voluto venire tutti, con a capo il signor Giovanni, irriconoscibile quasi nell'elegante abito blu, e si erano fatti posto nella cappella, non lesinando le gomitate. Ora erano lì, ritti impalati, in gruppo serrato, aggiungendo al dolciastro profumo dei fiori, uno strano, per quante lieve, sentore di petrolio.

Dietro, facevano capolino le suore addette all'Istituto, insieme ai membri del comitato promotore dell'opera e, tra loro, anche, la Crivelli. Piangeva calde lacrime.

Poi, ancora, gli ex colleghi della clinica « Vasco da Gama » e tutti, coloro che, in una maniera o nell'altra, avevano avuto diretto o indiretto contatto con noi. Non mancava, naturalmente, anche Francisco e sul suo volto c'era ancora dipinto lo stupore di vedermi sposare Patrick, quel famoso Patrick!

E, necessariamente, c'era anche quest'ultimo, al mio fianco, un po' imbarazzato dai festeggiamenti, con una pazza voglia di scappar via presto con me, e col volto finalmente liberato da ogni traccia di amarezza!

Finita la cerimonia, si formò il corteo e, arrivati nell'atrio, qualcuno del comitato volle propinarci l'inevitabile discorso. Non ci badai troppo, naturalmente, anche perché Patrick aveva sfoderato una sua espressione che voleva essere di grande interessamento, ma che invece diceva chiaro a tutti: « Fate presto, via, che ha già atteso tanto, il povero Patrick! ».

L'uomo del discorso, un bravo artigiano dall'aria sveglia ed intelligente, con un fiore all'occhiello e due occhi vivi, diceva in fondo delle cose giuste, sia pure con parole semplici e prive di fronzoli letterari. Lamentava che il male dilaga nel mondo, portato dal materialismo della vita moderna e che occorre quindi risvegliarsi. Bisogna che si muovano soprattutto coloro che sono credenti, con opere di fede e di bene, poiché sempre più aspra diviene la lotta con il « principe delle tenebre », che usa tutta la sua malefica abilità per cercare di sviare e perdere l'intera umanità!

Nell'atrio, il comitato aveva voluto murare una piccola lapide con il nome dei benefattori: c'erano i nomi di Patrick, Suzanne, che non si sarebbe certo curata, un tempo, di contribuire ad un'opera di così cristiana umanità, di Estrella, che aveva voluto versare i suoi primi guadagni di cantante, per un atto di riconoscente fede verso Colui che aveva dall'alto favorita la realizzazione dei suoi sogni. Mancava soltanto il mio nome, perché mi ero risolutamente opposta ad un riconoscimento che ritenevo immeritato.

Finito il discorso, uscimmo all'aperto, e nello scendere lo scalone ci accolse una vera grandinata di fiori e di manciate di riso.

— Dimmi, Rossella, — mi sussurrò scherzosamente Patrick — sei proprio sicura che questo sia un quartiere povero? A giudicare dalla quantità di fiori e di riso che ci buttano direi proprio di no!

— L'anima dei poveri è sempre la più generosa, in fondo — risposi.

Finalmente, riuscimmo a salire in macchina e, precedendo il corteo delle altre auto, attraversammo la città diretti all'aeroporto. Intravidi, passando, la modesta casa dove, al pianterreno, avevo trascorsi diversi anni della mia vita, quando ero una semplice impiegata. Vidi, da lontano, sullo sfondo della grande piazza, il biancheggiare della Clinica « Vasco da Gama ». Due immagini che conserverò care nel cuore, perché di lì era cominciato il mio viaggio verso la grande avventura del petrolio, e verso quella, più grande ancora, della mia felicità!

Ecco l'aeroporto. Sull'ampia distesa erbosa ci aspettava, già pronto, l'aereo privato di mister Cooper: un bimotore tutto lucido ed azzurrino, ribattezzato ora con il nome di « Estrella ».

I due piloti, sorridenti e complimentosi per la circostanza, ci aspettavano con un immenso mazzo di fiori, e fiori delle specie più rare, ornavano anche l'interno della carlinga.

Ringraziammo mister Cooper delle sue attenzioni, ma egli si schernì:

— Oh niente, figuratevi! Si tratta in fondo di una prova generale del mio prossimo matrimonio. Vero, Estrella?

La fanciulla ci rivolse il suo luminoso, felice sorriso. Sulla scaletta, ci voltammo. Ecco Pereira, Suzanne, Francisco, Carvalho, la Crivelli, mia cognata coi nipotini, poi i volti rudi ed abbronzati dei ragazzi della « Meseta ». Tutti a gridarci che ci volevano bene, e ad augurarci tanta, tanta felicità...

— Arrivederci, arrivederci! Auguri!

Nella carlinga, quando i volti amici sparirono gradatamente nella profondità del campo, e l'aereo si librò in alto sulla città, nell'azzurro del più meraviglioso cielo brasiliano, ci sentimmo finalmente liberi e soli.

Soli! Ma il nostro pensiero andava anche, con fervida gratitudine, a Colei che ci aveva riuniti, alla dolce Madre che ci aveva guidati ad un porto di pace.

La porticina della cabina si aperse ed apparve il volto sorridente di uno dei piloti:

— Attenzione alla testa, signori, ci stiamo arrivando sopra in questo momento!

L'aereo, infatti, si abbassava rapidamente di quota. Osservammo dal finestrino: ecco il lungo nastro della strada per Olinda, ecco gli scogli, ecco il promontorio proteso sul mare e su questo il sacro edificio.

— Sganciate! — ordinò lietamente Patrick, abbassando il vetro. I fiori volarono giù, uno dietro l'altro, andando a cadere in mare, sugli scogli e, infine, sul tetto della chiesetta. Il pilota aveva preso a cuore il nostro desiderio ed ora sfoggiava tutta la sua abilità.

Con fin troppo entusiasmo, anzi, poiché sfiorammo diverse volte il tetto della chiesa in fulminee picchiate, seguite da altrettante rapide impennate che ci procurarono una certa emozione e qualche capogiro.

Scorgemmo chiaramente la scalinata, i boschetti di lentischi, le rose selvatiche, le vecchie corrose tegole della chiesa.

Poi, su su, nel cielo, verso la nostra felicità, verso Rio... sì, forse avete indovinato, eravamo proprio diretti al « Topo muschiato »!

E quale migliore nido, potevamo sognare, di quella solitaria casetta, in riva all'incantato mare di Copacabana?

COSI' VA IL MONDO

Mister Cooper ce lo aveva prestato volentieri, a patto che ce ne andassimo senza indugio, quando sarebbe venuto il suo turno, ossia dopo il suo prossimo matrimonio con Estrella.

Insomma, per adesso è nostro; poi si vedrà!

Frattanto, se per caso voi girovagate nei pressi, sulla spiaggia o nel boschetto, svignatevela alla svelta, poiché stiamo arrivando.

No, per favore, ancora un momento. Prima di andarvene, pregate il tempo di rallentare il suo corso, perché non fuggano, perché durino più a lungo, i nostri istanti di felicità!

Arcangelo Galante

COSI' VA IL MONDO

Milton Keynes UK
Ingram Content Group UK Ltd.
UKHW041924310823
427823UK00001B/93